Scritture e libri del medioevo

collana diretta da Marco Palma

20

Caccia alla volpe

Studi sul *Rainaldo e Lesengrino*

a cura di
Giovanni Borriero e Nicoletta Giovè Marchioli

viella

Prima edizione: febbraio 2022
ISBN 978-88-3313-979-1

Volume edito con il contributo della Fondazione Cassa di Risparmio di Padova e Rovigo e del Dipartimento di Studi Linguistici e Letterari dell'Università degli Studi di Padova.

Le riproduzioni fotografiche sono pubblicate per gentile concessione delle Biblioteche Storiche Diocesane di Udine.

CACCIA
alla volpe : studi sul Rainaldo e Lesengrino / a cura di Giovanni Borriero e Nicoletta Giovè Marchioli. - Roma : Viella, 2022. - 129 p. : ill., tab. ; 24 cm. (Scritture e libri del medioevo ; 20)
Indici dei nomi e dei manoscritti: p. [125]-[131]
ISBN 978-88-3313-979-1
1. Rainaldo e Lesengrino - Studi 2. Roman de Renart - Fortuna - Italia I. Borriero, Giovanni II. Giovè Marchioli, Nicoletta
841.1 (DDC 23.ed) Scheda bibliografica: Biblioteca Fondazione Bruno Kessler

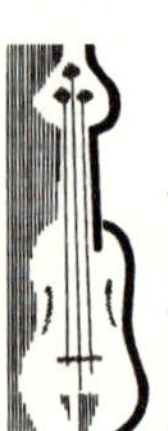
viella
libreria editrice
via delle Alpi, 32
I-00198 ROMA
tel. 06 84 17 75 8
fax 06 85 35 39 60
www.viella.it

Indice

Giovanni Borriero

Nota

In questo volume vengono raccolti gli interventi presentati nel Seminario di studi sul *Rainaldo e Lesengrino* svoltosi presso l'Università degli Studi di Padova il 23 e 24 marzo 2021, quale atto conclusivo del progetto *Atlante della Letteratura del Veneto Medievale - Atlas of the Literature of Medieval Veneto* (*AtLiVe*) (Fondazione CaRiPaRo - Eccellenza 2017): ai relatori va dunque il mio primo ringraziamento per la generosa adesione.

L'apporto dei redattori alla realizzazione dell'*Atlante*, presto consultabile in *open access* all'indirizzo https://atlive.disll.unipd.it, è stato determinante: grazie dunque ad Alessandro Bampa, Rachele Fassanelli, Luca Gatti e a Fabio Sangiovanni, a cui si aggiungano i qualificati interventi di Nicola Ballestrin, Marco Bolzonella, Andrea Cecchinato, Marco Filippini.

Un grazie al Comitato scientifico per il confronto proficuo e costante: Alvise Andreose, Furio Brugnolo, Massimo Caruso Enea, Antonio Ciaralli, Donato Gallo, Emilio Lippi, Luca Morlino, Ivano Paccagnella, Gianfelice Peron, Oriana Scarpati.

Un grazie infine a tutti i colleghi e agli amici coinvolti: Roberto Benedetti, Cristiana Bettella, Roberto Grendene, Silvia Piovan, Roberto Rossi, Luigi Tessarolo; grazie, in particolare, a Nicoletta Giovè, che ci è stata sempre accanto con i suoi preziosi consigli.

Caccia alla volpe. Studi sul Rainaldo e Lesengrino, a cura di G. Borriero, N. Giovè Marchioli.
ISBN 978-88-3313-979-1

Luca Gatti, Fabio Sangiovanni

L'*Atlante* e il *Rainaldo**

1. *La struttura del progetto*

L'*Atlante della Letteratura del Veneto Medievale / Atlas of the Literature of Medieval Veneto* (d'ora in poi: *AtLiVe*) si propone innanzitutto di studiare la letteratura veneta del Medioevo come rete di processi culturali, rappresentabili nello spazio e nel tempo: geografia e storia sono pertanto le due principali chiavi ermeneutiche su cui si basa l'intero progetto, che mira alla pubblicazione di un archivio digitale, ad accesso libero, relativo alla cultura veneta sviluppatasi tra XII e seconda metà del XIV secolo (come limite cronologico finale si trasceglie, simbolicamente, l'arrivo di Petrarca a Padova).

AtLiVe si costituisce come *database* esteso e sempre aggiornabile di schede fra loro collegate, nel tentativo di render conto, per quanto possibile, della complessità storica e socio-culturale del Medioevo, sulla base dei dati a disposizione dagli studi correnti; basti dire che, pur limitandoci al versante della produzione letteraria, si considerano autori, copisti, lettori, committenti, contesti storici e geografici, luoghi e materiali, caratteri linguistici e metrici, tutti indicizzati – operazione sinora inedita – per permettere l'elaborazione dell'architettura reticolare. Si vuole dunque offrire uno sguardo, a campo lungo oppure puntuale, su ciò che accadeva entro particolari confini – concetto di per sé problematico nella definizione e incline al compromesso – storico-geografici: quali sono i testi – con essi: le peculiarità linguistiche, gli elementi materiali, le scritture, i manoscritti – presenti nello spazio cui si dà oggi l'attributo di "veneto", e in un determinato periodo.

Se l'immagine che *AtLiVe* anela a restituire è quella, estesa, delle relazioni culturali, ne consegue la necessità, fra le tante, di porre attenzione sulla dinamicità dei confini, secondo lo sviluppo o la contrazione, dal punto di vista diacronico, di entità politiche e/o culturali, come la cosiddetta "Marca trevigiana", la "Repubblica di Venezia" o la "corte d'Este". L'intreccio fra dinamiche politiche e culturali è, a tutti gli effetti, questione complessa, specie in un territorio che, secondo la felice definizione di Folena, ha rappresentato un «crocevia della cultura europea, tramite fra occidente latino e oriente bizantino e slavo, luogo di incontro e di confluenza di correnti molteplici di cultura e di lingua».[1] La cultura veneta, nei suoi aspetti lette-

* A cura di Luca Gatti il § 1, di Fabio Sangiovanni il § 2, pur nell'ottica di un dialogo e di una revisione comuni.

1. Gianfranco Folena, *La presenza di Dante nel Veneto* (1965-1966), in Id., *Culture e lingue nel Veneto medievale*, Padova, Editoriale Programma, 1990, pp. 287-308, a p. 299.

Caccia alla volpe. Studi sul Rainaldo e Lesengrino, a cura di G. Borriero, N. Giovè Marchioli.
ISBN 978-88-3313-979-1

rari, filologici, linguistici e storici, è stata oggetto di studio in numerose opere scientifiche, spesso meritorie: ma nonostante la ricchezza e l'ampiezza dei contributi critici fin qui pubblicati, il quadro che emerge è inevitabilmente frammentario, anche per i ben noti confini persistenti fra le discipline (ma che qui, forse più che altrove, è opportuno superare: una convergenza sinergica dei saperi parrà senza dubbio necessaria per afferrare alcuni aspetti della cultura veneta).[2]

In particolare, gli oggetti che costituiscono il *corpus* primario di *AtLiVe* sono, al momento: 1. testi letterari appartenenti al dominio linguistico italoromanzo (come, ad esempio, quelli inerenti alla produzione lirica trevigiana e veneziana, alla letteratura didattico-religiosa di area veronese, trevigiana e veneziana, alle traduzioni in prosa di testi latini e antico-francesi, ecc.), con la loro tradizione manoscritta, che qui è studiata come oggetto culturale; 2. i manoscritti che conservano testi italo- e galloromanzi prodotti in quella che si può definire "area veneta". Tale *corpus* è analizzato alla luce di una serie di elementi descrittivi ricorrenti. Per ogni oggetto si forniscono informazioni relative a: tradizione manoscritta e relazioni intertestuali, autori (anche alla luce delle loro opere) e copisti (oltre alle mani individuabili nei testimoni), manoscritti (descrizioni interne ed esterne), scritture (caratteristiche paleografiche), materiali (caratteri codicologici), elementi di ricezione (nomi e informazioni su lettori, proprietari e committenti), descrizione linguistica per i testi italoromanzi (fonologia, morfologia, sintassi, lessico, con attenzione ai tempi e ai luoghi di composizione delle opere, nonché agli elementi di ibridismo linguistico e fenomeni di *koinè* riferibili all'intero assetto norditaliano), metrica (versificazione, diffusione di forme metriche, rime ecc.), quadri storici, contesti socio-culturali (politici, istituzionali, economici e sociali), bibliografia letteraria e storiografica. Dal punto di vista operativo, a ogni oggetto considerato corrisponde una scheda descrittiva collegata e integrata con le altre, secondo i processi di indicizzazione delle informazioni: l'archivio, insomma, si configura come *database* relazionale.

Quanto alla ricerca di informazioni da parte del fruitore di *AtLiVe*, tre livelli sono garantiti: ricerca per principali campi comuni indicizzati (tipologia degli oggetti, datazione e localizzazione), per marcatori interni di ciascuna scheda, per stringa testuale libera. Ad esempio, nell'ottica di un'indagine del tutto puntuale, sarà dunque possibile incrociare dati relativi a copisti, scrittura, testimone, descrizione linguistica, forma, metro, intervalli di data e di luogo.

AtLiVe si rivolge pertanto allo studio della letteratura nel suo contesto culturale, in un progetto interdisciplinare che unisce competenze specialistiche appartenenti a diversi campi di ricerca, quali storia, geografia, filologia, paleografia, codicologia, linguistica, retorica, informatica umanistica. Sulla scorta del modello operativo soprammenzionato, che prende sempre avvio dal dato concreto, si vuole proporre una nuova riflessione sul problema del concetto territoriale, a partire da quello culturale: che cosa può essere qualificato con l'aggettivo "veneto"? In quello che temporalmente definiamo d'àmbito medievale, che cosa può essere

2. Per il recupero della bibliografia pregressa utile è il rimando a Giovanni Borriero, *Geography and History of the Literature in Medieval Veneto. Prospects and Methods of the AtLiVe Project*, in «Transylvanian Review», 29/1 (2020), pp. 87-105.

definito invece con "Veneto"? Quale rete strutturale è soggiacente a questo «crocevia» di culture?[3]

2. *Dal progetto al seminario*

Si è creduto di conseguenza che la forma seminariale, qui nella sua proiezione scritta, concentrata su un solo oggetto testuale d'indagine e mossa da più, e contemporanei, punti di vista disciplinari, potesse rispondere al nucleo metodologico che sopra tutti è stato a cuore ad *AtLiVe*, e cioè l'intendere l'oggetto come problema condiviso, in particolare, come si è visto, nelle sue componenti interrogative circa datazione e localizzazione, nella prospettiva di un concorso degli interventi analitici delle discipline, sia per pluralità di sguardo, sia per progressiva proposta euristica nei rispettivi terreni di ricerca. Dunque si è scelto, a saggio operativo, un oggetto ideale, insomma un testo che interferisse con un alto numero di campi inquisitòri (filologia e storia, codicologia, paleografia, linguistica, storia della lingua, storia della miniatura) e che sollecitasse la comparazione delle procedure, dei risultati, dei dubbi. Tale è il *Rainaldo e Lesengrino*, testo che nel nord-est italoromanzo determina della materia renardiana galloromanza una tradizione apparentemente o fenotipicamente contenuta ma decisamente complessa nella sua articolazione e nei suoi sommersi stratigrafici, si dica pure non facile da studiare. Ed è problema che toccò Gianfranco Folena nel suo primo corso padovano di filologia romanza, proprio per la peculiare e doppia possibilità di indagine, nel rapporto con il *Renart* francese, appunto, e nel confronto interno tra le versioni, le diramazioni, le tracce italiane, prima di affidarne un'edizione ad Anna Lomazzi, pubblicata nel 1972,[4] in seguito alla proposta unitestimoniale dei *Poeti del Duecento* di Contini [*PD*], per le cure di Avalle.[5]

I principali testimoni in gioco sono due, trecenteschi:[6] l'unico considerato ecdoticamente da *PD* è O (Oxford, Bodleian Library, Canon. it. 48), sulla linea av-

3. Segnaliamo qui che, proprio a proposito di tale «crocevia», a partire dall'esperienza di *AtLiVe* è ora in corso di allestimento una miscellanea di studi a più voci, per le cure degli scriventi, sulla ricezione della lirica antico-francese in Veneto.

4. Anna Lomazzi, *Rainaldo e Lesengrino*, prefazione di Gianfranco Folena, Firenze, Olschki, 1972.

5. *Poeti del Duecento*, a cura di Gianfranco Contini, 2 voll., Milano-Napoli, Ricciardi, 1960, vol. I, pp. 811-841 (testo da p. 815), vol. II, p. 853 (nota al testo).

6. Quanto alla localizzazione si riparta criticamente, alla luce poi dei contributi qui contenuti, da Lomazzi, *Rainaldo e Lesengrino*, p. 78 («*O* sembra provenire da Ferrara» dati lo stemma e l'iscrizione del f. 20v. «In *U*, tra le preghiere in latino della carta 33v, è inserita una breve ricetta in volgare, che [...] indusse il Putelli [...] a ritenere che il codice fosse stato esemplato nel Friuli. [...] Specificamente ladino-friulana pare essere una sola parola, *plantagn* "piantaggine", cfr. R.E.W. 6577, e la carta relativa dell'A.I.S.»; cui si aggiunga, ivi nota 3, che in «una delle preghiere latine (cc. 23r-38v) si invoca San Gallo, patrono della chiesa di Moggio [Udine]»; nota tuttavia Pani, qui alle pp. 22-23 nota 12, che il testo è «un'aggiunta di mano posteriore a un'unità codicologica del tutto indipendente da quella col testo del *Rainaldo e Lesengrino*, e quindi che le sue caratteristiche linguistiche non possono essere una spia dell'origine dell'intero manoscritto») e, linguisticamente, pp. 80 («importa innanzitutto constatare la presenza di fenomeni fonetici e morfologici "veneti" in senso quanto mai ampio, o a volte anzi genericamente settentrionali»), 81 (sugli indizi di padova-

viata da Emilio Teza,[7] di cui però erano «stati corretti soltanto gli errori più servili»,[8] nell'«impossibilità di ottenere una sufficiente costanza di sicurezza nella correzione»;[9] mentre la sinossi di Lomazzi coinvolge su serie parallela anche U (Udine, Biblioteca Arcivescovile, 26), apparso primariamente a stampa con Raffaello Putelli,[10] e solo intermittente tra le note di *PD*, come portatore di eventuale soluzione alternativa (con tendenza a cercarvi le tracce di regolarità metrico-rimica). L'intenzione sinottica è dovuta alla diversità redazionale, così accolta anche da Martin,[11] dei due esiti, solo per alcuni intervalli accostabili e comparabili,[12] tanto meno nella seconda parte, della cosiddetta "mezzadria", differenza che è intimamente legata ai distinti contesti produttivi.

Come evidenzia Zeno Verlato in questa sede, offrendo al seminario un esame comparativo dei testimoni nella loro natura strutturale e culturale, l'oxoniense[13] (che include i testi del *De Ierusalem* di Giacomino, del *Rainaldo*, dell'estratto incipitario dallo *Splanamento* di Girardo Pateg e dal serventese caudato sopra lo scontro felsineo-ferrarese,[14] al di là del conclusivo *E' aço cercato tuto lo mu(n)do in torno*), sembra contestualizzare al proprio interno il testo renardiano secondo un principio di «giustapposizione» (p. 59) o di contatto, per dir così, inerziale, apparentemente indifferente a ristrutturazioni di adattamento e semmai innovativo solo per processi di lettura non del tutto controllati. Complementare a simile giudizio, tuttavia, è quello attribuibile ad altro tipo di inerzia, che agisce sui piani linguistici, nella maggiore permanenza in O di gallicismi fonomorfologici e lessicali che Diego Dotto intercetta come lasciti di un processo di copia «conservativo se non passivo nei confronti del modello» (p. 82).

Tutto ciò a fronte dell'etica di U, anzi del copista delle sezioni II e IV, stando alla nuovissima perizia di Laura Pani e Nicoletta Giovè Marchioli (qui alle pp. 17-40),

nità di O), 82 (sulla più accertabile localizzazione trevigiana di U); nonché da Roberto Benedetti, *'Rainaldo e Lesengrino' e le peripezie della volpe nel divenire*, in *Rainaldo. La volpe in Alpe Adria e dintorni: letteratura, arte, tradizioni, ambiente (con riproduzione dal ms. Udine, Biblioteca Arcivescovile, 26)*, a cura di Id., Tricesimo (Udine), Vattori, 2005, pp. 7-63, a p. 9.

7. *Rainardo e Lesengrino*, per cura di Emilio Teza, Pisa, Nistri, 1869.

8. *Poeti del Duecento*, vol. II, p. 853.

9. Ivi, vol. I, p. 814.

10. Raffaello Putelli, *Un nuovo testo veneto del* Renard, in «Giornale di filologia romanza», 2 (1879), pp. 153-163; la scheda di Gaston Paris, in «Romania», 9 (1880), p. 622 ne segnalava il potenziale comparativo: «Il traite les deux mêmes épisodes que le *Rainardo e Lesengrino* publiés par M. Teza, et, surtout dans la première partie, quoique notablement différent, il présente souvent des paires de vers identiques. Il y a là une question intéressante, que la publication de M. P. permettra d'étudier»; cfr. poi Pani, p. 19 nota 4.

11. Rispettivamente, in *Le roman de Renart*, publié par Ernest Martin, 3 voll., Strasbourg, Trübner, 1882-1887, le redazioni (*br.* XXVII) *g* e *i* (vol. I, pp. XXIII-XXIV; vol. II, pp. 358-380), in sinossi, con le letture in calce di Teza e Putelli.

12. Per la maggiore complessità del problema cfr. il contributo di Morlino, in particolare da p. 112.

13. Per la descrizione interna cfr. in questo volume le pp. 60-61.

14. Cfr. il contributo di Teza citato da Verlato, p. 61 nota 21; i primi versi sono contestualizzati nella classe dei componimenti storico-politici da Anna Radaelli, *Tra finzione e realtà: la* conplancha *per Roberto d'Angiò, una voce per un re immaginato*, in «Lecturae Tropatorum», 11 (2018), pp. 1-69, alle pp. 19-21.

che ne descrivono per prime, dopo il meritorio cenno di Roberto Benedetti, la composizione in quattro unità. Dalla dimostrazione codicologica e paleografica le sezioni II (con il componimento sulla *Passione* forse veronese[15] e un'orazione alla Vergine in latino) e IV (con il *De Ierusalem* e il *De Babilonia* di Giacomino, il *Rainaldo* in chiusura) risultano originariamente parte di un unico esemplare, e i testi qui coinvolti – «tutti in volgare e tutti in versi (con l'eccezione della preghiera al f. 16r, che sembra tuttavia più un riempitivo), tutti di ambiente veneto, tutti adespoti» (p. 23) – sono difatti gli unici toccati dalla prassi illustrativa, di cui si dirà fra poco, senza contare la ramificazione della loro esistenza (tranne ancora per la preghiera latina) in altri testimoni fondamentali per un certo tipo di tradizione due-trecentesca che, come ancora vede Verlato (pp. 58-59), è «quella dei poemetti didascalici e devozionali», e non della produzione di giulleria, cui una certa valutazione formale, con sommo in *PD* (entro cui si colloca tra la «poesia "popolare" e giullaresca») sembrava portare (primo indizio diveniva il «consueto novenario-ottonario»,[16] e pure certa formularità): nel veronese Marciano It. Z. 13 (= 4744) Giacomino e la *Passione*, il solo Giacomino nel sivigliano Colombino 7-1-52, di origine nord-italiana se non probabilmente veneziano-padovana;[17] si aggiunga, considerando anche la testimonianza di O, che lo *Splanamento* sosta notoriamente nel Saibante-Hamilton 390 (nel nostro solo i vv. 1-42, esclusi 35-38, v. 43 parziale e cassato, e comunque «con un ordine modificato rispetto a *S* [= Saibante] e numerose scorrettezze»),[18] testimone collocato in area veneta nord-orientale (presumibilmente trevigiana),[19] per commissione d'orbita veneziana, per quanto O non risulti «dipendente da *S*», pur attestando «la circolazione del testo agli inizi del XIV sec. in un'area non molto lontana da quella cremonese (probabilmente emiliana), ma sufficiente a ritoccarne ancora, seppur parzialmente, la *facies* linguistica».[20]

È in ogni caso nelle citate unità codicologiche di U che si può dimostrare una certa coscienza ordinatrice, una volontà d'innesto e di adattamento, disposta alla metamorfosi e alla ricreazione, sia linguistica (nella conclusione di Dotto, a p. 85: «l'accoglimento dei francesismi appare in genere mediato dalla consapevole attribuzione di un valore e di una funzione stilistici»), sia testuale (e paratestuale), nella direzione di una «ridefinizione in senso morale» (p. 66), financo in una possibile interpretazione di acclimatazione giuridica. Sarà giusto notare inoltre come esista un legame di metadefinizione letteraria tra i testi coinvolti: tratta «fora de Vangelii, de libri e de sermon» è la *Passione*, che «non è parabole, né fable, né canzon» (f. 9r); Giacomino, «quel ke fe' 'l sermone» chiude il *De Babilonia*,

15. Il problema si articola in Franco Riva, *Su due redazioni di un poemetto della Passione e Risurrezione del sec. XIV*, in «Atti e memorie della Accademia di Agricoltura, Scienze e Lettere di Verona», s. VI, 8 (1958), pp. 167-213, da p. 169.

16. *Poeti del Duecento*, vol. I, p. 814.

17. Per le ulteriori relazioni cfr. Alina Zvonareva, *Giacomino da Verona e altri testi veronesi nel ms. Colombino 7-1-52. Descrizione del manoscritto e nota linguistica*, in «Quaderni veneti», 4/1 (2015), pp. 11-67; qui il contributo di Verlato a p. 59 a completamento del reticolo e nota 12.

18. Cfr. *Il manoscritto Saibante-Hamilton 390*, edizione critica diretta da Maria Luisa Meneghetti, coordinamento editoriale di Roberto Tagliani, Roma, Salerno, 2019, p. 314. I riferimenti versali si riferiscono a quest'ultima edizione.

19. Ivi, p. CLI per la sinossi dei moti aggregativi rispetto alla provenienza dei testi.

20. Ivi, p. 322.

«conpillà de teste, de glose e de sermone», attestando che «no è flable né diti de bufoni» (f. 49v); il *Rainaldo* è, dal prologo, «sermon de grant solaç», «sermon de grande festa»[21] (f. 50v). Per questo risulta debole, e tutto sommato non ermeneuticamente funzionale, laddove la prassi ermeneutica s'intenda, come dev'essere, corroborata dalla tradizione, la posizione del *Rainaldo e Lesengrino* tra i testi epici franco-italiani della schedatura di Holtus e Wunderli, che, pur dichiarando problematica la sistemazione e in qualche modo legata di necessità a una netta decisione classificatoria, dunque toccata da rigidità di scelta, dichiara al momento indicativa «la disparition de l'élément parodique qui [...] relie étroitement ce texte à la modification des chansons de geste proprement dites en Italie septentrionale»,[22] se il complesso reticolo del *Renart* francese rispondeva alla «parodie épique du monde féodal et courtois», verso una «forte individualisation des protagonistes» corrispondente «à l'idéologie bourgeoise de l'époque» e conseguente trapasso alla «tradition de l'exemple et de la fable». I fondamenti critici su cui si basa tale scelta appaiono in realtà troppo generali per potersi dire corroborati, legati a etichette socio-culturali di discutibile tenuta, e indifferenti infine ai dati dei testimoni e dei contesti; è problema che affronta altresì il contributo di Luca Morlino, cui semmai bisognerà rivolgersi, anche per sfumare «le troppo schematiche interpretazioni sociologiche» (p. 120, e lì si veda, come applicazione stretta, la discussione sul *remor de povol*).

Di uno sguardo, anzi indagine, che invece sia garante della complessità e dell'oggetto, in quanto fatto storico, nodo di una tradizione testuale e culturale, e delle possibilità dimostrative sulla struttura della tradizione stessa, in quanto fatto critico, rende conto proprio Morlino, che segue la volpe con un ampliamento dell'ottica inquisitoria, non eludendo la struttura della tradizione, che procede per «macchie», per «schegge» e per «tracce» nella proiezione dello studio d'oggi, e con una non minima valenza probatoria, foss'anche in forma d'indizio, del patrimonio, come si dice, indiretto. Così accade per la riconsiderazione antiunitaria della testimonianza di U e O, oltre alla lezione del Memoriale del 1303, affine a quella di O (lungo l'asse Emilia-Padova?) e delle testualità note fin qui, come momento tutt'altro che isolato nella permanenza renardiana in Italia settentrionale: giocano in questo senso la diffusione antonomastica in testi duecenteschi, la distribuzione e le metamorfosi innovative dell'onomastica stessa d'area padana, letteraria e non letteraria, entro cui alcuni legami sembrano dimostrati persino da affinità fonologiche, sintomi contestuali del radicamento di forme del *Renart* tra

21. Analizza le formule Verlato a p. 68 nota 39.

22. Günter Holtus, Peter Wunderli, *Franco-italien et épopée franco-italienne* (*Grundriß der romanischen Literaturen des Mittelalters*, vol. III, t. 1/2, fasc. 10), Heidelberg, Winter, 2005, pp. 201-202 (e cfr. la scheda allestita già in Günter Holtus, *Lexikalische Untersuchungen zur Interferenz: die franko-italienische* Entrée d'Espagne, Tübingen, Niemeyer, 1979, pp. 82-83; il testo intercettato sin dalla recensione al volume di Anna Lomazzi, in «Zeitschrift für romanische Philologie», 92 (1976), pp. 199-207; per una panoramica delle recensioni cfr. il contributo di Morlino, p. 101 nota 2). Non così il giudizio di Maria Grazia Capusso, *La produzione franco-italiana dei secoli XIII e XIV: convergenze letterarie e linguistiche*, in *Plurilinguismo letterario*, a cura di Renato Oniga e Sergio Vatteroni, Soveria Mannelli, Rubbettino, 2007, pp. 159-204, a p. 175: «nel recente fascicolo del "Grundriss" essi [i testi renardiani di U e O] vengono aggregati all'epopea franco-italiana pur riconoscendo la loro peculiare carica parodica».

Due- e Trecento. Ma giocano contemporaneamente le sottili corrispondenze, stavolta interne, tra testi veneti, *branches* francesi e paradigmi perduti, secondo un'inchiesta che si muove opportunamente nell'allusione, nell'eco, nel parallelismo strutturale e nelle affinità di temi e motivi. È la ricostruzione di una rete, non esente da interruzioni, rappresentazione benignamente opponibile, sul piano euristico, a quelle fondate sulla linearità continua.

A simile elaborazione conduce, per strade differenti, l'analisi di Giulia Simeoni sulle illustrazioni di U (pp. 41-55), che pur nella loro «verve popolare e spontanea» (p. 44), quasi del tutto aliene da processi di standardizzazione figurativa, permettono per alcuni elementi strutturali l'aggancio con oggetti testimoniali di pertinenza devozionale, esemplaristica e moralizzante, in particolare nell'ambito dell'uso privato del primo Trecento, che magari occhieggia a tradizioni miniaturistiche più alte. La relazione con la tradizione illustrativa oitanica del *Renart*, invece, non può condurre a legami di rilievo dimostrativo; è però contrastivamente interessante notare come nella prassi di U, «a differenza di alcuni manoscritti francesi» (p. 49), i personaggi, di matrice zooepica, non assumano i tratti figurativi umani, mantenendo quelli animali. Che ciò, si aggiunga, sia legato all'avvicinamento del testo alla favola morale è fatto indagabile, ma non certo, e in ogni caso pertinente più a gusto culturale che a riflessione sociologica.

Si diceva all'inizio del problema della localizzazione e della datazione e della sua centralità metodologica per la costituzione dalla base di dati dell'*Atlante*, le cui primissime relazioni si fondano sui nessi storico-geografici tra gli oggetti testuali e, contemporaneamente, sulla discussione della tenuta dimostrativa degli argomenti che ne permettono una collocazione, puntuale o areale che sia. L'esito dell'esperimento plurimo sul *Rainaldo e Lesengrino*, all'incrocio quindi delle prospettive disciplinari, è parziale, e dunque per noi, interessati pure ai processi stessi dell'indagine, riuscitissimo. Questa parzialità euristica, cioè l'attestazione o la descrizione del limite dimostrativo, insieme con il positivo giudizio che qui si attribuisce, si giustifica non soltanto nell'interesse della distinzione operativa delle perizie di parte, ma anche nella variabilità delle diverse scale di riduzione poste da ciascuna disciplina sulla rappresentazione geostorica dell'oggetto.

Se i versanti codicologici e paleografici (ma anche quelli della storia della miniatura) muovono internamente sul principio di complanarità e reciprocità degli elementi (i sistemi di coerenza tra i testi delle unità II e IV, nonché quelli tra le scritture del codice omogenee nell'afferenza temporale), esternamente, ossia storicamente, l'oggetto si dimostra «coerente con altri manoscritti compositi costituiti in epoca bassomedievale» (p. 25) e ad un tempo di non facile localizzazione puntuale, semmai perimetrabile arealmente, prima fondamentale dimostrazione della natura dei confini di questo spazio, di questa «provincia», nella semantica metodologica rinnovata da Morlino (a p. 122, con la continua scalarità tra micro- e macrocosmo testuale); si tratta di disporsi, come precisa Nicoletta Giovè Marchioli, «lungo un ideale asse medio-padano, che comprende Emilia e Veneto [...] difficile dunque da mettere a fuoco e da delimitare con esattezza nei suoi confini: un'area che, tanto per intenderci, può significare Bologna, ma naturalmente anche Venezia, così come la Terraferma veneta, dunque Padova o Treviso» (p. 28). Lo studio della stratigrafia linguistico-testuale permette parallelamente, come si è anticipato, di individuare diversi e articolati tratti di un'orbita compositiva entro cui dovrebbe muoversi il *Rainaldo*, cui si aggiunga il processo di collocazione negli àmbiti di una tradizione delineata dai rapporti del testo con «l'universo linguistico francese» (p. 76, secondo l'analisi di Dotto sopra alcuni aspetti grafici, fonologici e morfologici) e con lo strettamente relato dominio lessicale giuridico, partecipe del «dinamismo adattivo» (*ibidem*) di una parte testimoniale.

Un nuovo livello di coerenza è dimostrato poi dalla stretta linguistica di Jacopo Garzonio (pp. 87-99) nell'analisi di tre aspetti morfosintattici (pronomi soggetto di terza persona, sistema della negazione, fenomeni della reggenza delle preposizioni lessicali), che dimostra la sostanziale accostabilità dei tratti ai sistemi di terraferma, in particolare padovano e trevigiano, ma senza che i dati diano privilegi di puntualità maggiore. E sarà metodologicamente da annotare non soltanto il fatto che U risulti in questo studio portatore di alcuni elementi linguistici interpretabili come «più arcaici», «possibile indizio che le due versioni risalgano a fasi diacroniche separate» (p. 99, in linea del resto con la datazione proposta da Giovè Marchioli a p. 30; il che non pertiene, sul piano filologico, alle inerzie di O di cui si è parlato), ma pure che nell'osservare, ad esempio, la distribuzione dei tipi preposizionali per *dinanzi* e *davanti*, di O non si potrà dir geograficamente di più se non che coincide con un diffuso perimetro veneto, non ulteriormente distinto, mentre di U si renderebbe talvolta possibile uno sbilanciamento maggiore. Ci si trova di fronte alla continua esperienza di una filologia del differenziale.

E tutto ciò a minimo saggio della prendibilità del *Rainaldo*. Che qui trova nuovi dati di circoscrizione e contemporaneamente conferma il carattere sfuggente di molti oggetti simili ad esso. Nella stessa maniera in cui ci sfuggono – cosa sempre più chiara mano a mano che l'indagine prende forma sulla base dei quesiti posti a conclusione del § 1 – i termini che compongono la stringa nominale del progetto, i cui referenti spesso dimostrano la loro instabilità o inattingibilità, anche in presenza di raffinata strumentazione analitica: *atlante* (dalle mappe disegnate su quali basi solide, su quale gradiente di ipotesi?), *letteratura* (nel continuo problema del dirimere cosa lo sia e cosa no a quest'altezza), *Veneto* (stringa nominale del tutto proiettata al presente), *medievale* (la cui affidabilità, cosa sui cui si riflette da tempo, è legata più all'uso, al processo percettivo e a un'utilità di inquadramento generalissimo, convenzionale, che alla ragione storica).

Tali dimostrazioni d'indeterminatezza, sia pure di debolezza, vale a dire di garanzia della complessità (Sergi: «gli stereotipi si combattono solo con "controstereotipi", perché le conoscenze non pervenute alla stereotipizzazione sono prive di forza. [...] Ma spesso c'è complessità nei progressi della comunità scientifica: e la complessità si presta ben poco a costruire eventuali controstereotipi»)[23] si reputino punto fondativo.

23. Giuseppe Sergi, *Il dovere civile del superamento degli stereotipi* (2011), in Id., *Soglie del medioevo. Le grandi questioni, i grandi maestri*, Roma, Donzelli, 2016, pp. 197-202, a p. 202.

Nicoletta Giovè Marchioli, Laura Pani

Il manoscritto Udine, Biblioteca Arcivescovile, 26: il punto di vista codicologico e paleografico*

1. *Aspetti codicologici del manoscritto*

Udine, Biblioteca Arcivescovile, 26
Composito.

Membr.; ff. XII, 64, III'; 197 × 149. Legatura recente in cartone rivestito in pergamena (A. Pandimiglio).

Al f. Iv precedente segnatura «4to XIII» e «Codicem hunc Bibliothecę Archiepiscopali Utinensi dono dedit Petrus Braida sacerdos et eius Bibliothecę pręfectus kalendis decembris 1783». I ff. III-X costituiscono un quaternione cartaceo in 4° con, ai ff. IVr-IXr, note di Domenico Ongaro sul contenuto del codice e trascrizioni di alcune sue parti; al f. IIIr nota a penna del 1956, con riferimento alla microfilmatura delle parti del manoscritto attribuite a Giacomino da Verona. Al f. IIr segnatura attuale «26» scritta a lapis.

I. ff. 1-8
Liber confessionum, in volgare, *inc.* In per quello che multi homini e femene po' falire alguna fiata

1^8; inizio fascicolo lato pelo; 196 × 149 = 11 [155] 30 × 19 [113] 17 (f. 3r); rr. 28 / ll. 27; rigatura a colore. Iniziali maggiori e minori filigranate in rosso e azzurro con fregio marginale; rubriche, segni di paragrafo e ritocchi delle maiuscole in rosso.

Al f. 1r: «1652, 26 luglio. Della libreria cum animo restituendi».

II. ff. 9-16

La passione e resurrezione (ff. 9r-15v)
Orazione alla Vergine (f. 16r), *inc.* Pia domina dulcissima ornata seculi gemma

* Le autrici hanno discusso e condiviso ogni aspetto della ricerca; in questo contributo il § 1 è di Laura Pani e il § 2 di Nicoletta Giovè Marchioli.

Caccia alla volpe. Studi sul Rainaldo e Lesengrino, a cura di G. Borriero, N. Giovè Marchioli.
ISBN 978-88-3313-979-1

1^{8}; inizio fascicolo lato carne; 196 × 148 = 10 [154] 32 × 18 [110] 20 (f. 13r); rr. 29 / ll. 28; rigatura a colore (molto sbiadita: non è visibile la riga verticale sinistra di giustificazione). Illustrazioni entro cornice rossa con scene della passione di Cristo ai ff. 9v-11r, 12r-v, 13v-14r, 15r-v; al f. 16v illustrazione a piena pagina: nella parte superiore Cristo in un'ogiva retta da due angeli; nella parte inferiore la Vergine e i santi; iniziali semplici e ritocchi delle maiuscole in rosso.

III. ff. 17-38

Psalmi graduales (Ps. 119-133) (ff. 17r-20v)
Orationes (ff. 21r-29v, 34r-36v)

1^{10}, $2\text{-}3^{6}$; richiamo al f. 26v; inizio fascicolo lato carne; 196 × 148 = 8 [162] 26 × 18 [100] 30 (f. 22r); rr. 23 / ll. 23; rigatura a colore (molto sbiadita: non è visibile la riga verticale sinistra di giustificazione). Due mani: A (ff. 17r-29v, 34r-37r), XIV secolo; B (ff. 20v, 29v-33v, 37r-38v), XV secolo. Iniziali maggiori e minori semplici e rubriche in rosso; spazi riservati nelle parti aggiunte.

IV. ff. 39-64

GIACOMINO DA VERONA, De Hierusalem caelesti et de Babilonia civitate infernali (ff. 39r-49v)
Rainaldo e Lesengrino (ff. 50v-64v)

$1\text{-}2^{8}$, 3^{10}; richiamo al f. 46v; inizio fascicolo lato carne; 197 × 148 = 8 [159] 30 × 12 / 6 [110] 20 (f. 61r); rr. 29 / ll. 28; rigatura a colore (molto sbiadita). Al f. 50r illustrazione a piena pagina: nella parte superiore Cristo, la Vergine e san Giovanni; nella parte inferiore i demoni che tormentano i dannati in una pentola sul fuoco; illustrazioni entro cornice rossa ai ff. 51v, 52v, 54r-55r, 58v-59r, 62v-63r, 64r-v; iniziali maggiori e minori semplici e ritocchi delle iniziali in rosso.

Al f. 64v: «Finito libro sit laus et gloria Christo. / Qui scribiit [*sic*] scribat, semper cum Domino vivat. / [Viva]t in celis Marcus in nomine felis [*sic*]». *AMEN.*

Il manoscritto 26 della Biblioteca Arcivescovile di Udine è un codice pergamenaceo di taglia media (misure massime 197 × 149 mm). È composito e attualmente costituito da quattro diverse unità codicologiche, due delle quali tuttavia, come si vedrà tra poco, erano con ogni probabilità parte di uno stesso progetto.

Tracce della storia del codice si hanno al f. Iv, dove si leggono la precedente segnatura «4to XIII»[1] e una nota che documenta la circostanza in cui il codice

1. Si tratta della prima collocazione settecentesca, assegnata ai manoscritti della neonata Biblioteca Arcivescovile a seguito della catalogazione compiuta da Gian Domenico Coleti e stampata nel catalogo del 1784; i manoscritti sono divisi per formato e ne viene indicata la collocazione sugli scaffali: Cesare Scalon, *La Biblioteca Arcivescovile di Udine*, Padova, Antenore, 1979, p. 6. Singolarmente, il manoscritto risultava collocato tra i codici latini, anomalia segnalata in seguito in diversi degli studi che ne hanno trattato.

entrò nella raccolta della Biblioteca Arcivescovile udinese: «Codicem hunc Bibliothecę Archiepiscopali Utinensi dono dedit Petrus Braida sacerdos et eius Bibliothecę pręfectus kalendis decembris 1783».[2]

Nulla può essere detto invece della storia del manoscritto antecedente l'ingresso nella Biblioteca, e poco aiuta in tal senso una nota seicentesca al f. 1r, originariamente bianco: qui, accanto a prove di penna, una preghiera alla Vergine e annotazioni di mano corsiva quattrocentesca, si legge «1652, 26 luglio. Della libreria cum animo restituendi», che farebbe pensare all'appartenenza del volume, o al limite della sua prima sezione, a un'altra non meglio identificata biblioteca pubblica.

Prescindendo dal fascicoletto cartaceo con note autografe di Domenico Ongaro premesso alla compagine,[3] del manoscritto esistono descrizioni codicologiche e soprattutto contenutistiche più o meno dettagliate che cominciano con la seconda metà dell'Ottocento, quando esso fu per la prima volta scoperto tra i manoscritti latini dell'istituzione che tuttora lo conserva, e arrivano fino al 2005.[4]

2. Su Pietro Braida (1751-1829), canonico del capitolo udinese e bibliotecario della Arcivescovile, si veda la bibliografia segnalata in Scalon, *La Biblioteca Arcivescovile*, p. 7 nota 17. L'attuale manoscritto 26 sembra essere l'unico da lui donato alla Biblioteca.

3. Cfr. nota 6, *infra*, e testo corrispondente.

4. Il primo a darne conto fu, nel 1879, Raffaello Putelli che, nel segnalarlo come nuovo testimone del *Renard*, ne fornì una sommaria descrizione codicologica con un cenno di datazione, sulla scorta dell'Ongaro, alla seconda metà del XIV secolo, ed elencò i testi principali in esso contenuti: Raffaello Putelli, *Un nuovo testo veneto del* Renard, in «Giornale di filologia romanza», 2 (1879), pp. 153-163 (alle pp. 153-155 la presentazione del codice, alle pp. 156-163 l'edizione del *Rainaldo*; cfr. Francesco Zambrini, *Le opere volgari a stampa dei secoli XIII e XIV*, Bologna, Zanichelli, 1884^4, appendice p. 163). Negli anni immediatamente successivi l'attenzione degli studiosi fu attratta anche dagli altri testi in volgare: così nel 1885 Leandro Biadene pubblicò il testo della *Passione e resurrezione* a confronto con la versione del manoscritto Venezia, Biblioteca Nazionale Marciana, It. Z. 13, ma sulla base di una trascrizione fatta da altri (lo stesso Putelli) e con un'attenzione soprattutto agli aspetti fonologici e filologici del testo: Leandro Biadene, *La Passione e Risurrezione: poemetto veronese del sec. XIII*, in «Studj di filologia romanza», 1 (1885), pp. 215-275 (cfr. *Le opere volgari a stampa dei secoli XIII e XIV indicate e descritte da Francesco Zambrini. Supplemento con gli indici generali dei capoversi, dei manoscritti, dei nomi e soggetti*, a cura di Salomone Morpurgo, Bologna, Zanichelli, 1929, nr. 77). L'anno seguente, Ernest Martin (*Le roman de Renart*, publié par Ernest Martin, 3 voll., Strasbourg, Trübner, 1882-1887, vol. II, pp. 358-380) pubblicò i testi del *Rainaldo* del manoscritto Oxford, Bodleian Library, Canon. it. 48 e di quello udinese a confronto (*Le opere volgari a stampa*, nr. 936). Del codice furono riprodotti alcuni fogli (gli attuali 1v-2r, 50v-51r, 51v-52r) in Ernesto Monaci, *Facsimili di antichi manoscritti per uso delle scuole di filologia neolatina*, Roma, Martelli, 1881-1892, tavv. 70-72 (cfr. *Le opere volgari a stampa*, nr. 937). L'anno seguente ne fu fornita una descrizione soprattutto contenutistica da Giuseppe Mazzatinti, *Inventari dei manoscritti delle biblioteche d'Italia*, vol. III, Forlì, Bordandini, 1893, pp. 228-229, con menzione delle illustrazioni. Nel secolo scorso il codice è stato presentato nelle edizioni del *De Hierusalem caelesti et de Babilonia civitate infernali* (Esther Isopel May, *The 'De Jerusalem celesti' and the 'De Babilonia infernali' of fra Giacomino da Verona*, Firenze, Le Monnier, 1930, in particolare pp. 55-58) e del *Rainaldo e Lesengrino* (Anna Lomazzi, *Rainaldo e Lesengrino*, prefazione di Gianfranco Folena, Firenze, Olschki, 1972, pp. 77-78), e descritto per i suoi aspetti storico-artistici da Giuseppe Bergamini, in *Miniatura in Friuli.* Catalogo della mostra (Villa Manin di Passariano, 9 giugno - 27 ottobre 1985), a cura di Id., Udine, Istituto per l'Enciclopedia del Friuli Venezia Giulia, 1985, pp. 73-74. Nel 2005, infine, è stato lo spunto per il volume

La descrizione più completa si ha comunque nel catalogo dei manoscritti della Biblioteca Arcivescovile udinese pubblicato nel 1979 da Cesare Scalon.[5] Qui il codice è complessivamente presentato come una «Miscellanea in latino e in volgare» protetta da una «legatura in cartone con dorso in pelle»: questa legatura settecentesca oggi risulta sostituita da una legatura di restauro in cartone rivestito in pergamena realizzata negli anni '80 del secolo scorso presso il laboratorio romano di Angelo Pandimiglio. Della precedente resta il tassello con l'indicazione «MSS. | ASCETI. | SEC. | XIV», riportato sulla controguardia anteriore.

Il manoscritto comprende 64 fogli, numerati recentemente a lapis. Una precedente numerazione moderna a penna da 1 a 64 in realtà consiste nella paginazione degli attuali ff. 1r-3r (nr. 1-5), e nella foliazione vera e propria dei ff. 4-63 (nr. 6-64: tra i numeri 21 e 22 è stato saltato l'attuale f. 21).

La compagine è preceduta da ben 12 fogli cartacei. I primi due sono fogli di guardia di restauro, non numerati, il primo dei quali forma un bifoglio con la controguardia anteriore. Ne seguono altri due, pure cartacei, verisimilmente settecenteschi e facenti parte della precedente legatura, numerati I-II (sul *verso* del primo la precedente segnatura e la nota di cui all'inizio di questo contributo). Infine, al manoscritto è rilegato un quaternione anch'esso cartaceo (ff. III-X) con ai ff. IVr-IXr alcune note di un altro sacerdote legato alla prima storia della Biblioteca Arcivescovile: Domenico Ongaro.[6] In esse viene passato in rassegna il contenuto del manoscritto, di cui si ipotizza una datazione «se non prima, al cadere del secolo XIV» (f. IVr), con trascrizione di alcune sue parti, annotazioni di tipo stilistico o linguistico e la seguente conclusione: «Comunque siasi, il codicetto è assai pregevole per li vari opuscoli che contiene: e questi italiani per lo più, e scritti nel buon secolo della nostra lingua; e quello che più merita, tutti probabilmente non solo inediti, ma sì sconosciuti a' nostri bibliotecaj» (f. IXr).

Seguono la compagine tre fogli di guardia posteriori, cartacei, speculari ai primi tre fogli anteriori: uno settecentesco, erroneamente incluso nella foliazione più recente del codice col numero 65, altri due di restauro, il secondo dei quali forma anch'esso un bifoglio con la controguardia posteriore.

Essendo l'attenzione degli studiosi che si sono occupati del codice perlopiù stata rivolta al suo contenuto, esso è stato spesso definito un codice miscellaneo,

miscellaneo *Rainaldo. La volpe in Alpe Adria e dintorni: letteratura, arte, tradizioni, ambiente (con riproduzione dal ms. Udine, Biblioteca Arcivescovile, 26)*, a cura di Roberto Benedetti, Tricesimo (Udine), Vattori, 2005, dove è descritto nel saggio di Roberto Benedetti, *'Rainaldo e Lesengrino' e le peripezie della volpe nel divenire*, pp. 7-63, in particolare pp. 14-16, con nota 7. È stato altresì oggetto di una breve scheda, che riprende in buona sostanza quella di Scalon (cfr. nota successiva), a cura di Katja Piazza in *La Biblioteca Patriarcale-Arcivescovile. Codici e manoscritti*, a cura di Sandro Piussi, Udine, s.e., 2005, pp. 78-79, mentre è solo menzionato da Roberto Benedetti, *I libri della letteratura in volgare*, in *I libri dei patriarchi. Un percorso nella cultura scritta del Friuli medievale*, a cura di Cesare Scalon, Udine, Deputazione di Storia patria per il Friuli-Istituto Pio Paschini per la Storia della Chiesa in Friuli, 2014[2], pp. 263-278, a p. 271.

5. Scalon, *La Biblioteca Arcivescovile*, pp. 97-98 e tav. XI.

6. Sull'erudito sandanielese Domenico Ongaro (1713-1796), compilatore dell'inventario dei manoscritti dell'abbazia di Moggio confluiti nella Biblioteca Arcivescovile, si veda ora Mario D'Angelo, *Ongaro Domenico, erudito e bibliofilo*, in *Nuovo Liruti. Dizionario biografico dei Friulani*, 3 voll., Udine, Forum, 2006-2011, vol. II, pp. 1846-1851.

comprendente testi diversi accomunati dall'uso prevalente del volgare.[7] È stato Roberto Benedetti a dichiararne esplicitamente per la prima e a quanto consta unica volta, sia pure *en passant*, la natura di manoscritto composito, che riunisce sotto la stessa legatura unità codicologiche aventi caratteristiche materiali e paleografiche, contenuto e probabilmente origine diversi.[8]

La struttura del codice descritta all'inizio di questo contributo può essere meglio riassunta nella seguente tabella:

unità codicologica	fogli	fascicoli	dati codicologici	mano	contenuto
I	1-8	1 quaternione	11 [155] 30 × 19 [113] 17; rr. 28 / ll. 27; rigatura a colore; inizio fascicolo lato pelo	A	Liber confessionum, in volgare
II	9-16	1 quaternione	10 [154] 32 × 18 [110] 20; rr. 29 / ll. 28; rigatura a colore; inizio fascicolo lato carne	B	La passione e resurrezione; Orazione alla Vergine
III	17-38	1 quinione, 2 ternioni	8 [162] 26 × 18 [100] 30; rr. 23 / ll. 23; rigatura a colore; inizio fascicolo lato carne	C, D	Psalmi graduales; Orationes
IV	39-64	2 quaternioni, 1 quinione	8 [159] 30 × 12 / 6 [110] 20; rr. 29 / ll. 28; rigatura a colore; inizio fascicolo lato carne	B	GIACOMINO DA VERONA, De Hierusalem caelesti et de Babilonia civitate infernali; Rainaldo e Lesengrino

Le quattro unità codicologiche, di consistenza diversa – un solo quaternione le prime due, tre fascicoli ciascuna la terza e la quarta –, possono considerarsi, su base paleografica, più o meno coeve.[9] Dal punto di vista codicologico condividono l'uso della rigatura a colore, del tutto normale per l'epoca a cui sono databili, e misure molto simili dei fogli, fatto anche questo del tutto normale per un codice composito. Per contro abbastanza diverso è lo sfruttamento della pagina da un'unità all'altra,

7. Così oltre a Scalon, *La Biblioteca Arcivescovile*, p. 97, anche, per esempio, Anna Lomazzi, *Primi monumenti del volgare*, in *Storia della cultura veneta*, vol. I. *Dalle origini al Trecento*, Vicenza, Neri Pozza, 1976, pp. 602-632, a p. 616 nota 35.

8. Benedetti, *'Rainaldo e Lesengrino'*, p. 16: «Oggi il codice si presenta composito, assemblando fascicoli di provenienza diversa, ma in origine era un libretto miscellaneo che raccoglieva testi differenti, trascritti dalla stessa mano in una *littera textualis* di buon livello», forse con riferimento, in questa seconda parte dell'affermazione, alla seconda e quarta unità codicologica, su cui si veda qui di seguito.

9. Su questo si veda il contributo di Nicoletta Giovè Marchioli nella seconda parte del presente saggio.

soprattutto per quanto riguarda la terza rispetto alle altre. In tutte i fascicoli presentano il lato carne all'esterno, tranne che nella prima: forse ciò fu dovuto alla volontà – o, al contrario, implicò la scelta – di lasciare bianco il *recto* del primo foglio, su cui si sono poi affollate note posteriori come si è accennato.

Il testo del *Rainaldo e Lesengrino* occupa gli ultimi fogli (ff. 50v-64v) della quarta e ultima unità, nella quale è preceduto, ai ff. 39r-49v, dal *De Hierusalem caelesti et de Babilonia civitate infernali* di Giacomino da Verona.

Andando in ordine, la prima unità contiene un solo testo, introdotto come «quedam sumela su[b] brevitate vulgariter conpillata qualiter mares et mulieres debent suis confessionibus per ordinem sua confiteri peccata», denominato *Liber confessionum* nella formula di *explicit*, ma in realtà in volgare e attualmente a quanto consta inedito e non altrimenti attestato. Delle quattro unità, è quella che si presenta di fattura più accurata, con una *littera textualis* maggiormente aderente alla tipologia italiana della *rotunda*, e iniziali filigranate in rosso e blu di una certa raffinatezza.

La seconda unità, anch'essa costituita da un solo quaternione, contiene ai ff. 9r-15v un poemetto in volgare sulla passione e resurrezione di Cristo, composto probabilmente a Verona nel XIII secolo.[10] Il testo è intervallato da dodici illustrazioni entro una cornice a inchiostro rosso, presenti, una o due per pagina, ai ff. 9v-11r, 12r-v, 13v-14r, 15r-v. Al f. 16r si trova, della stessa mano, un'orazione alla Madonna, in latino, mentre al f. 16v il fascicolo è concluso da un'illustrazione a piena pagina con, nella metà superiore, Cristo in un'ogiva retta da due angeli, in quella inferiore la Madonna e i santi, nello stesso stile delle illustrazioni dei fogli precedenti. Sono altresì presenti iniziali semplici e ritocchi in rosso.

La terza e più consistente unità è l'unica a contenere testi latini. Per come è strutturata, sembra aver costituito un libriccino per la devozione personale nel quale erano stati lasciati fogli bianchi per eventuali aggiunte, poi avvenute a opera di una mano posteriore. È aperta dai cosiddetti *Psalmi graduales*, cioè i quindici salmi 119-133 (ff. 17r-21r), cui seguono preghiere di natura diversa (ff. 21r-29v), buona parte delle quali per l'anima di un defunto di nome Giovanni. Si prosegue ai ff. 34r-36v con benedizioni, il *Te Deum* e altre preghiere tra cui una *oratio et benedictio sancti Tobie prophete*. I testi sono evidenziati da iniziali maggiori e minori semplici e rubriche in rosso. Nella parte inferiore del f. 20v e ai ff. 29v-32v e 37r-38v una mano diversa, che si sforza di imitare la *littera textualis* della mano originale (e lascia spazi riservati per le iniziali) ma è visibilmente posteriore, ha aggiunto una ulteriore serie di preghiere, tra cui litanie[11] e orazioni mariane e altre per santa Maria Maddalena.[12]

10. Così Biadene, *La Passione e Risurrezione*, pp. 243-261.

11. Sulle litanie aggiunte ai ff. 30v-31v ora Alessio Persic, *Le litanie mariane 'aquileiesi' secondo le recensioni manoscritte friulane a confronto con la tradizione comune*, in «Theotokos», 12 (2004), pp. 367-388, in particolare p. 369 ed edizione alle pp. 375-376.

12. Costituisce una curiosa eccezione la ricetta «Per la discorencia» in calce al f. 32v, su cui Putelli, *Un nuovo testo veneto*, p. 154 e, sulla sua scia, Lomazzi, *Rainaldo e Lesengrino*, p. 78: nessuno dei due, tuttavia, rilevò che questo breve testo è un'aggiunta di mano posteriore a un'unità codicologica del tutto indipendente da quella col testo del *Rainaldo e Lesengrino*, e quindi che le sue caratteristiche linguistiche non possono essere una spia dell'origine dell'intero manoscritto.

La quarta unità condivide con la seconda la presenza della stessa mano e tutte le caratteristiche codicologiche, dalla *mise en page* al numero di righe tracciate e utilizzate, all'ornamentazione: il *De Hierusalem* è separato dal *Rainaldo*, al f. 50r, da un'illustrazione a piena pagina anche in questo caso divisa tra una parte superiore, con Cristo, la Vergine e san Giovanni, e una inferiore con i diavoli che tormentano i dannati in una pentola sul fuoco;[13] il testo del *Rainaldo* è invece intervallato, analogamente alla *Passione* della seconda unità, dallo stesso tipo di illustrazioni a penna entro cornice rossa, dodici anche in questo caso (ff. 51v, 52v, 54r-55r, 58v-59r, 62v-63r, 64r-v); la differenza con le illustrazioni della seconda sezione è data dal fatto che in quella le scene sono state anche colorate, mentre in queste ci si è limitati a tracciarne i contorni a penna, con solo l'aggiunta di qualche ritocco in rosso (lingue degli animali) o ocra.

In questa unità il testo del *Rainaldo* si conclude con un *colophon* col nome del copista: «Finito libro sit laus et gloria Christo. | Qui scribiit [*sic*] scribat, semper cum Domino vivat. | [Viva]t in celis Marcus in nomine felis [*sic*] AMEN». Sia le formule usate sia il nome del copista sono troppo comuni per poter fornire qualsiasi indizio ulteriore, rispetto all'analisi linguistica e paleografica, sull'origine del manoscritto. Si osserva piuttosto che la medesima prima formula dossologica si legge, sia pure con qualche difficoltà, in calce al testo del *De Babilonia* al f. 49v: «Libro finito, sit laus [et gloria?] Christo». La difficoltà è data dal fatto che questo rigo così come i precedenti, corrispondenti agli ultimi versi dell'opera, risultano nel manoscritto coperti da inchiostro scuro: c'è da supporre che, trattandosi proprio dei versi finali del poema in cui è esplicitamente menzionato l'autore, essi fossero stati evidenziati con un inchiostro colorato che si è poi ossidato rendendoli leggibili solo a tratti.[14]

Appare abbastanza evidente che quelle che ora sono la seconda e la quarta unità del manoscritto originariamente erano parte di un progetto unitario e dunque di uno stesso codice(tto), ciò che è del resto avallato, oltre che dalle caratteristiche codicologiche e paleografiche, dal tipo di testi in esse contenuto: tutti in volgare e tutti in versi (con l'eccezione della preghiera al f. 16r, che sembra tuttavia più un riempitivo), tutti di ambiente veneto, tutti adespoti, uno sicuramente di Giacomino da Verona, a due a due condivisi, sia pure in redazioni diverse, coi manoscritti Venezia, Biblioteca Nazionale Marciana, It. Z. 13 (*La passione e resurrezione* e *De Hierusalem caelesti et de Babilonia civitate infernali*) e Oxford, Bodleian Library, Canon. it. 48 (*De Hierusalem* e *Rainaldo e Lesengrino*).

Più precisamente, queste due unità sembrano aver formato un manoscritto pluritestuale pluriblocco, in cui testi diversi sono contenuti in fascicoli o insiemi (blocchi) di fascicoli detti "unità modulari", in modo tale che l'inizio e la fine di un testo o di un gruppo di testi coincidano con l'inizio e con la fine dell'unità modulare stessa, rimanendo tutt'al più bianchi alcuni fogli in fondo:[15]

13. Scalon, *La Biblioteca Arcivescovile*, p. 98 vi osserva, nella parte superiore, l'«autore o copista del poemetto in dimensioni ridotte e in atteggiamento orante».

14. Si osserva per inciso che manca il penultimo verso («e vui k'entes l'avì / cun grande devotïon»), ma di questa lacuna non danno conto né la May né Contini (*Poeti del Duecento*, a cura di Gianfranco Contini, 2 voll., Milano-Napoli, Ricciardi, 1960, vol. I, p. 652).

15. Marilena Maniaci, *Il codice greco 'non unitario'. Tipologie e terminologia*, in *Il codice*

questo avviene sia nel primo blocco, corrispondente a un solo fascicolo e all'attuale seconda unità del manoscritto, dove il poemetto sulla *Passione e resurrezione* arriva fino al penultimo foglio, sia nel secondo, comprendente in questo caso due quaternioni e un quinione, in cui il primo testo occupa buona parte dei primi due fascicoli e il secondo, il *Rainaldo*, termina nell'ultimo foglio del terzo.

Meno agevole è comprendere quando il codice nel suo complesso acquisì la sua struttura attuale, in cui i due blocchi appena discussi non solo vennero rilegati insieme alle altre due unità, ma anche separati tra loro dal fascicolo con le orazioni. Secondo Roberto Benedetti, «l'attuale assetto del codice si deve probabilmente a Domenico Ongaro»,[16] che del resto secondo Scalon era responsabile perlomeno della legatura precedente del volume.[17]

In realtà non escluderei che il manoscritto avesse trovato la sua attuale configurazione già in epoca medievale, costituendo così un manoscritto «composito antico».[18] Si tratterebbe altrimenti di capire, tra l'altro, che tipo di materiale fosse stato donato alla Biblioteca Arcivescovile da Pietro Braida, visto che la nota di dono, riferendosi a «codicem hunc», fa pensare a un volume ormai strutturato, di cui Ongaro, che pure lo definisce «questo codicetto», descrisse il contenuto nell'ordine attuale. La stessa numerazione dei fogli eseguita a penna, evidentemente posteriore all'assemblaggio delle unità codicologiche, per quanto di difficile datazione sembrerebbe istintivamente riconducibile più alla prima età moderna che al Settecento.

Benché manchino elementi che possano provare una formazione del codice antecedente il XVIII secolo – non essendo nemmeno la nota seicentesca a f. 1r necessariamente riferita a tutto il volume, come si è visto – la sostanziale coerenza strutturale (unità di un solo o pochi fascicoli), contenutistica (testi complessivamente brevi, in volgare con l'eccezione della terza unità, e di natura religiosa o al limite, come il *Rainaldo*, morale) e paleografica delle diverse unità codicologiche rendono il manoscritto 26 della Biblioteca Arcivescovile di Udine un codice

miscellaneo. Tipologie e funzioni. Atti del Convegno internazionale (Cassino, 14-17 maggio 2003), a cura di Edoardo Crisci e Oronzo Pecere (= «Segno e testo», 2 [2004]), pp. 75-107, alle pp. 79 e 88.

16. Benedetti, '*Rainaldo e Lesengrino*', p. 16 nota 7.

17. Scalon, *La Biblioteca Arcivescovile*, p. 98: «[...] Domenico Ongaro, cui probabilmente si deve l'attuale legatura in cartone col dorso in pelle»; quest'affermazione è ripresa da Bergamini, *Miniatura in Friuli*, p. 73.

18. La definizione è di Martina Pantarotto, *Convivenze difficili, stabili sodalizi. I manoscritti compositi all'interno del «corpus» di datati*, in *Catalogazione, storia della scrittura, storia del libro. I manoscritti datati d'Italia vent'anni dopo*, a cura di Teresa De Robertis e Nicoletta Giovè Marchioli, Firenze, SISMEL-Edizioni del Galluzzo, 2017, pp. 101-118, a p. 104. Questo saggio contiene una prima riflessione sui manoscritti compositi e in particolare su quelli assemblati entro la fine del Quattrocento; per quanto basato solo sui codici presenti nei primi 24 volumi della collana «Manoscritti datati d'Italia», accomunati quindi dal fatto di avere almeno una unità codicologica datata, esso contiene delle interessanti considerazioni su consistenza, contenuto, scrittura e ambito di produzione e di uso di questa tipologia di codici, e in generale sul fatto che essi possano essere considerati rappresentativi del fenomeno del codice composito in generale, nella stessa misura in cui i manoscritti datati unitari del XV secolo sono ormai riconosciuti come rappresentativi di tutta la produzione manoscritta quattrocentesca.

composito perfettamente coerente con altri manoscritti compositi costituiti in epoca bassomedievale.[19]

2. *Aspetti paleografici del manoscritto*

Passiamo ora ad osservare le scritture presenti nel codice di cui si è appena illustrata la complessa struttura materiale: l'intento è quello di sottolineare, pur in estrema sintesi, gli aspetti salienti delle mani che lo hanno confezionato, con una attenzione più sollecita verso la scrittura che accomuna la II e la IV sezione (quella, se mai servisse ribadirlo, che contiene anche il testo del *Rainaldo e Lesengrino*), mentre l'osservazione sommaria delle caratteristiche grafiche delle altre unità codicologiche è proposta in una prospettiva sostanzialmente comparativa, dunque per marcare le differenze (oppure, all'inverso, le analogie) con la parte, anzi le parti di maggiore interesse nel contesto in cui ci si sta muovendo.

Devo innanzitutto offrire un primo dato: tutte le scritture attestate nel codice condividono tipologia e cronologia, ovvero afferiscono al medesimo sistema grafico e sostanzialmente sono databili al medesimo periodo, considerando naturalmente sempre la possibilità di una qualche oscillazione. Con tuttavia nel contempo qualche significativa differenza e dunque ciascuna con qualche sua propria specificità, quali mi periterò di mostrare. Il sistema grafico è quello della *littera textualis*, scrittura che è possibile chiamare anche, seguendo delle definizioni coeve, *littera moderna* oppure *littera nova*, ma che sovente viene indicata anche come "gotica": definizione, del tutto impropria a mio parere, che non condivido ma che purtroppo persiste nell'uso e il cui successo si spiega in considerazione del suggestivo richiamo insito al suo interno al momento storico-artistico in cui questa tipologia di scrittura è diffusa. Si tratta dunque di quella riconoscibilissima libraria tardo-medievale che ha dominato la produzione grafica per più secoli, dal XIII al XV, in particolare per quel che concerne la confezione del libro universitario e del libro liturgico.[20]

19. Pantarotto, *Convivenze difficili*, p. 108 sui compositi contenenti testi in volgare, pp. 113-114 sui compositi contenenti testi di argomento omogeneo.

20. Nonostante la *littera textualis* sia la tipologia grafica più attestata nell'ambito del codice tardomedioevale, in particolare fra Duecento e Trecento, la storiografia paleografica ha colpevolmente e persistentemente trascurato di affrontare le due fondamentali questioni del passaggio dalla minuscola carolina a questa nuova scrittura libraria e delle caratteristiche di quest'ultima. Solo in tempi relativamente recenti lo sguardo si è volto verso questi temi, sia per quanto concerne il cambio grafico che ha appunto determinato l'affermarsi della scrittura testuale, sul quale insistono in particolare le osservazioni di Teresa De Robertis e Nicoletta Giovè, *Come cambia la scrittura*, in *Change in Medieval and Renaissance Scripts and Manuscripts*. Proceedings of the 19th Colloquium of the Comité International de Paléographie Latine (Berlin, September 16-18, 2015), edited by Martin Schubert and Eef Overgaauw, Turnhout, Brepols, 2019, pp. 9-23, sia per quanto concerne invece il funzionamento della *littera textualis*, dunque gli elementi di struttura e i fatti esecutivi, oltre che i fattori stilistici, che la connotano; su tutto questo, complessivamente o partitamente, è intervenuto, nel corso di un lungo lasso di tempo, Stefano Zamponi: di lui si vedano, nello specifico, *Gothic Script in Italy* e *Late Gothic: Italy (XIVth-XVIth Centuries)*, in *The Oxford Handbook of Latin Palaeography*, edited by Frank T. Coulson and Robert G. Babcock, Oxford, Oxford University Press, 2020, rispettivamente pp. 411-428 e pp. 429-444, ma, soprattutto, *Elisione e sovrapposizione*

In questa sede, evidentemente, non posso e non voglio entrare nel dettaglio delle vicende di questa tipologia grafica e delle sue caratteristiche. Mi limito a rammentare che si tratta di una scrittura che ha visto declinazioni e dunque tipizzazioni diverse non solo diacronicamente, bensì anche a seconda delle aree geografiche in cui fu utilizzata. Se ad esempio in area francese si afferma una testuale più chiaroscurata e spezzata, che trova nella cosiddetta *littera Parisiensis* la sua più celebre e iconica espressione, nel contesto della Penisola invece, almeno in alcune aree precise come ad esempio l'ampia fascia sovraregionale dell'Italia mediana, si impone l'uso di una scrittura meno assimilata e soprattutto meno spezzata, tanto che la testuale italiana viene genericamente connotata in tal senso con l'impiego di un significativo aggettivo, ovvero quello estremamente parlante di *rotunda*, a segnalare proprio la rotondità complessiva del suo tracciato. Aggiungo che la *littera textualis* è scrittura che nei suoi livelli di massima stilizzazione e in particolare nelle realizzazioni di area transalpina raggiunge un altissimo grado di assimilazione dei tratti: dunque, per rispondere a esigenze di economia grafica, le singole lettere sono scomposte in pochi elementi essenziali, morfologicamente molto simili e tracciati pertanto allo stesso modo, così che a un primo sguardo se ne ricava l'impressione di trovarsi davanti a una ripetizione costante e forse anche disorientante degli stessi tratti costitutivi.

Non solo. Questa è una scrittura improntata a un principio di leggibilità, o che comunque tende costantemente a inseguire questo obiettivo.[21] Ciò significa, nel concreto, che a scandire la catena grafica non sono più le singole lettere, come avviene per esempio nella minuscola carolina, in cui le pagine offrono una monotona sequenza appunto di pur riconoscibilissime lettere che si susseguono in un flusso ininterrotto, bensì invece le singole *dictiones*, dunque le singole parole, che si offrono al lettore come blocchi compatti e proprio per questo identificabili e che sono perfettamente funzionali, anzi direi indispensabili per realizzare quella modalità di lettura che si può indicare come gestaltica, ovvero la lettura mentale, silenziosa. Di più: a questo scopo, per dare dunque un ritmo alla scrittura e di conseguenza alla lettura, si mettono in atto molte strategie, col fine precipuo di serrare le lettere all'interno delle parole, eliminando gli spazi bianchi che eventualmente le dividono e facilitando invece almeno gli accostamenti, se non i veri e propri nessi, fra le stesse lettere.

Nel tardo Medioevo la *littera textualis* occupa molti spazi e si utilizza in maniera assolutamente prevalente, in alcuni casi quasi in via esclusiva, per la

nella littera textualis, *La scrittura del libro nel Duecento*, così come il recentissimo quadro sistematizzante offerto da *Quattro secoli di* littera textualis *in Italia*, in *Le ragioni della scrittura. Piccoli scritti di paleografia*, a cura di Teresa De Robertis e Nicoletta Giovè Marchioli, Roma, Viella, 2021, rispettivamente pp. 27-55, 57-75 e 77-111. Pare opportuno citare infine, non senza sottolineare la diversità radicale delle loro impostazioni e anche delle loro opinioni, i volumi di Emanuele Casamassima, *Tradizione corsiva e tradizione libraria nella scrittura latina del Medioevo*, Roma, Gela editrice, 1988, e Albert Derolez, *The Palaeography of Gothic Manuscript Books: from the Twelfth to the Early Sixteenth Century*, Cambridge, Cambridge University Press, 2006.

21. Cfr. almeno il pur breve intervento di Antonella Tomiello, *Razionalizzazione grafica e leggibilità tra* littera antiqua *e* textualis, in *Per Alberto Piazzi. Scritti offerti nel 50° di sacerdozio*, a cura di Carlo Albarello e Giuseppe Zivelonghi, Verona, Biblioteca Capitolare di Verona, 1998, pp. 371-379.

confezione di specifiche tipologie librarie e testuali: come si è già detto il codice universitario, di ambito teologico, giuridico, filosofico, medico, è il libro per eccellenza destinato a essere scritto in *textualis*, che viene usata però anche per quella categoria di manoscritti che indichiamo con l'etichetta onnicomprensiva di 'liturgici', al cui interno si collocano in modo altrettanto legittimo i piccolissimi libri d'ore e i monumentali corali. Fra questi due poli troviamo naturalmente una variegata serie di prodotti librari, dalle dimensioni più varie, così come altrettanto diversificati sono il loro livello esecutivo, le loro caratteristiche codicologiche, i loro sistemi decorativi, le stesse esecuzioni grafiche.

In *textualis* si scrive molto in latino, soprattutto in latino, ma non esclusivamente in latino. E dunque il volgare si appropria di questa scrittura, che pure non è quella che connota specificamente la produzione della letteratura italiana delle Origini, per la quale si prediligono piuttosto sistemi grafici appartenenti alla costellazione delle corsive, più o meno formalizzate, con cui di preferenza si trascrivono i testi del volgare: primo fra tutti, accanto alla mercantesca, naturalmente quello della minuscola cancelleresca, per la quale potrei forse usare piuttosto la definizione di "bastarda". Sono soprattutto una certa letteratura devozionale come anche una cospicua produzione di testi di edificazione morale e di contenuto didascalico e favolistico – in latino ma anche, appunto, in volgare – che circolano trasmessi da codici di modesta fattura e trascritti in *littera textualis* da mani non troppo educate graficamente.[22]

Quello che non ho infatti ancora detto, a proposito della scrittura testuale, è che, come ne esistono delle realizzazioni di squisita fattura, sono altrettanto possibili sue esecuzioni di livello poco curato, che si possono ascrivere a una categoria definibile come *littera textualis* semplificata. Una categoria ampia, che contempla uno spettro di mani accomunate dalla scelta di forme non più, o non sempre, aderenti *ad unguem* a quelle della scrittura più canonizzata e inserite peraltro in un tessuto grafico nel complesso più semplice e meno accurato. Proprio a questo mondo grafico direi si possono accostare tutte le scritture del codice udinese, pure con una serie di distinzioni di cui darò via via conto.

Aggiungo una riflessione complessiva e preliminare a proposito dell'area geografica in cui collocare la confezione del codice, anzi, meglio, di tutte le sue

22. Sulle specificità del volgare scritto, e dunque dei codici in lingua vernacolare, sia nei loro aspetti materiali, sia nelle scelte grafiche adottate per realizzarli, è ora possibile fare riferimento al ricco volume di Armando Petrucci, *Letteratura italiana: una storia attraverso la scrittura*, Roma, Carocci, 2017, che, quasi in una sorta di lungo e ininterrotto discorso, raccoglie una notevole serie di interventi, coerenti e complementari fra di loro, dedicati proprio alle testimonianze scritte dei volgari italiani. Sulle tipologie grafiche utilizzate all'interno dei codici testimoni degli esordi della letteratura in lingua è utile anche la lettura dei due volumi di Sandro Bertelli, *I manoscritti della letteratura italiana delle origini. Firenze, Biblioteca Nazionale Centrale*, Firenze, SISMEL-Edizioni del Galluzzo, 2002 e *I manoscritti della letteratura italiana delle origini. Firenze, Biblioteca Medicea Laurenziana*, Firenze, SISMEL-Edizioni del Galluzzo, 2011, la cui indagine tuttavia si arresta alla metà del XIV secolo e consente dunque, ai nostri fini, utili confronti con un materiale solo parzialmente coerente con le esperienze grafiche analizzate in questa sede. Ulteriori elementi di comparazione possono venire inoltre dalla mostra degli autografi dei letterati italiani del XIII e XIV secolo della quale è possibile disporre sia sfogliando il volume *Autografi dei letterati italiani. Le Origini e il Trecento*, vol. I, a cura di Giuseppina Brunetti, Maurizio Fiorilla, Marco Petoletti, Roma, Salerno, 2013, sia consultando il sito http://www.autografi.net/it/.

sezioni. Non è mai facile, nel caso di sistemi grafici fortemente connotati, dare delle localizzazioni molto precise, soprattutto plausibili e fondate, a scritture che trovano proprio nell'assimilazione delle loro forme grafiche e nell'aderenza rigorosa al loro canone l'elemento che più le connota complessivamente e che, evidentemente e paradossalmente, non le contraddistingue singolarmente.[23] Ciò premesso, mi assumo una minima responsabilità e senza difficoltà colloco queste esperienze grafiche, in particolare quelle di più specifico nostro interesse, lungo un ideale asse medio-padano, che comprende Emilia e Veneto, dunque un'area latamente centro-settentrionale dell'Italia, non sempre e facilmente connotabile graficamente e altrettanto difficile dunque da mettere a fuoco e da delimitare con esattezza nei suoi confini: un'area che, tanto per intenderci, può significare Bologna, ma naturalmente anche Venezia, così come la Terraferma veneta, dunque Padova o Treviso.

Non mi sembra prudente andare oltre e pretendere da me stessa una presa di posizione più decisa e precisa e comincio a parlare piuttosto delle scritture di nostro interesse. Comincio evidentemente dal principio e dunque dalla I sezione, smilza, dal punto di vista della sua consistenza, del resto come sono tutte le altre. La mano di questa unità codicologica, che indichiamo come mano A, è, fra le altre, certamente quella che a un primo colpo d'occhio appare, se non la più accurata, comunque aderente, pur con qualche semplificazione, alla tipologia della testuale italiana, dunque della *rotunda* (cfr. Fig. 1). In realtà, se poi si indugia più a lungo con lo sguardo, si possono notare alcune sbavature, per così dire, rispetto al canone della *textualis*, visto che si tratta nel complesso di una sua esecuzione coerente anche se tutt'altro che fluida, dal tracciato appunto rigido e piuttosto pesante (ma in ogni caso uniforme), qualora consideriamo che nella maggior parte dei casi le lettere presentano tratti spessi, cui solo raramente si alternano più sottili freghi. Si noti anche una notevole riduzione dell'ampiezza delle aste, sia inferiori che superiori, secondo una traiettoria tipica della testuale più canonizzata, anche se a questa scelta esecutiva non si accompagna, come accade invece di consueto, la riduzione dell'unità di rigatura, ovvero dello spazio interlineare, che rimane invece di una ampiezza significativa, per quanto essa non si mantenga regolare e presenti in alcuni punti oscillazioni piuttosto eclatanti. Anche per questa ragione la scrittura esibisce un'innegabile chiarezza, accentuata dall'utilizzo di un inchiostro che soprattutto in alcuni fogli si presenta piuttosto scuro e brillante.

Dunque quella che appare agli occhi del lettore è una pagina assai leggibile. Una leggibilità, questa, che certamente è ottenuta anche in virtù del fatto che il

23. Potrebbero fornire qualche spunto a riguardo, sebbene l'autrice volga uno sguardo privilegiato verso l'Italia centro-meridionale, le indicazioni presenti nei due saggi di Paola Supino Martini, *Linee metodologiche per lo studio dei manoscritti in* litterae textuales *prodotti in Italia nei secoli XIII-XIV*, in Ead., *Saggi scelti. Metodi e itinerari di ricerca per una storia della cultura scritta*, a cura di Giuliana Capriolo, Giuseppe De Gregorio, Maria Galante, Salerno, Università degli Studi di Salerno, 2016, pp. 83-137, già in «Scrittura e Civiltà», 17 (1993), pp. 43-101, e *Orientamenti per la datazione e la localizzazione delle cosiddette* litterae textuales *italiane ed iberiche nei secoli XII-XIV*, in Ead., *Saggi scelti*, pp. 377-392, già in «Scriptorium», 54 (2000), pp. 20-34. Tuttavia si tratta di lavori che in realtà, all'opposto, dimostrano proprio quanto sia difficile orientarsi nella selva dei codici privi di data esplicita e di un luogo di copia dichiarato.

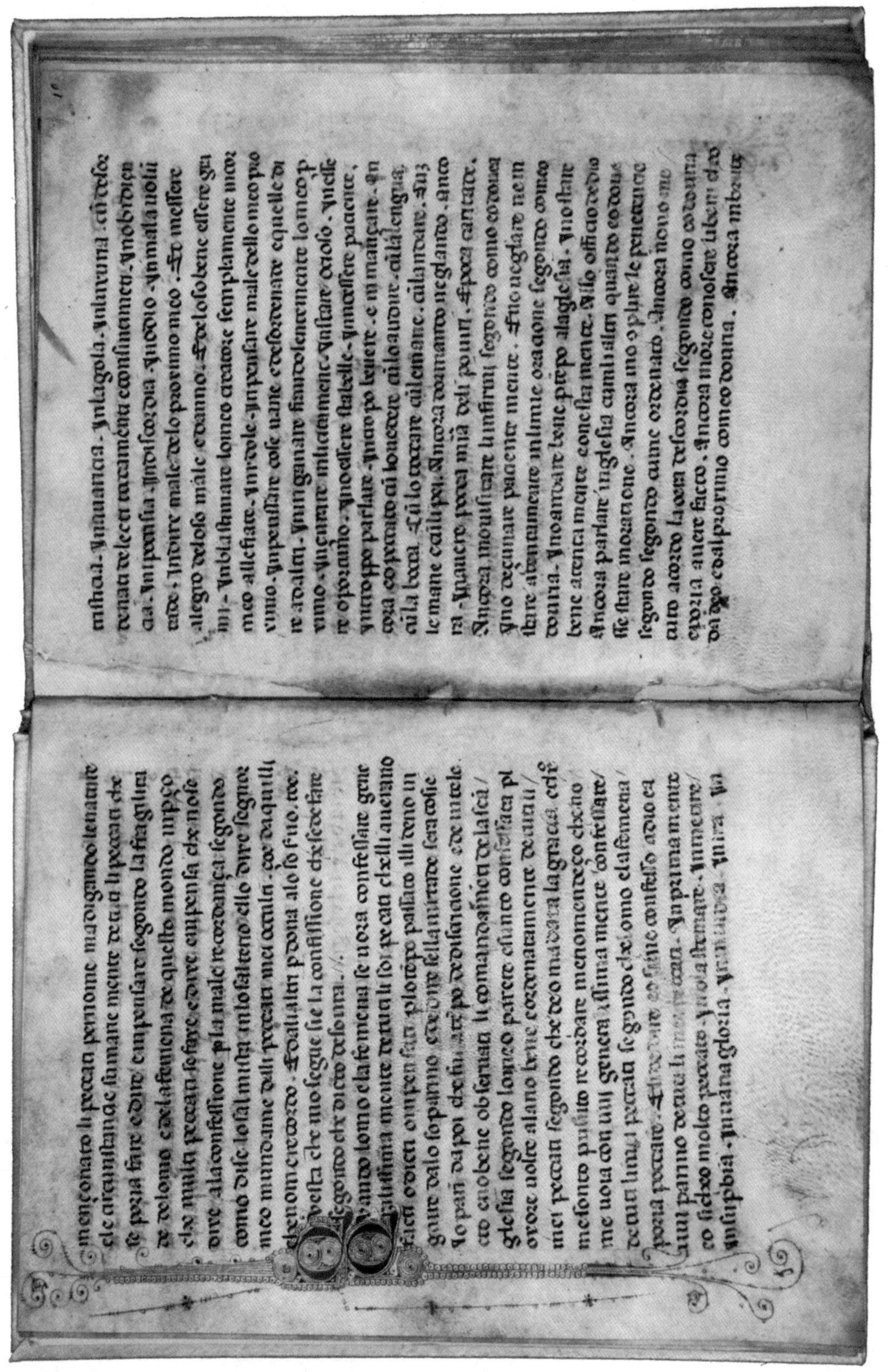

Fig. 1. Mano A – Udine, Biblioteca Arcivescovile, 26, ff. 7v-8r.

riuscito tentativo di rendere ben individuabili le singole parole non si spinge alla scelta estrema di accostare le lettere al loro interno: le parole sono infatti ben scandite e distinte le une dalle altre grazie a spazi bianchi che le separano, ma, in maniera analoga, anche le singole lettere, nonostante la realizzazione di connessioni fra di loro, ad esempio dei nessi di curve contrapposte o anche della legatura a ponte *st*, appaiono elementi tracciati individualmente e separati da spazi bianchi, sempre perfettamente riconoscibili, venendo tra l'altro a scomparire la tendenza ad assimilare i tratti.

Questa scrittura, slargata nella sua trama, nel suo collocarsi sul rigo con quell'andamento rotondeggiante molto frequente nei libri con testi in volgare, si può collocare nella prima metà del Trecento, senza peraltro inoltrarsi troppo nel secolo, risultando di fatto quasi coeva alla mano B, cui si devono la II e soprattutto la IV sezione. Ma, per riprendere quanto sopra prudentemente premesso, va ribadito che sulle datazioni di queste specifiche realizzazioni grafiche non è purtroppo sempre possibile esprimere pareri definitivi, oltre che concordi.

Anche le due sezioni appena menzionate e con esse la loro scrittura, che abbiamo indicato come appartenente alla mano B, si possono dunque collocare nella prima metà del XIV secolo, comunque verso i suoi anni iniziali (cfr. Fig. 2). Confesso che ho molto riflettuto sulla possibilità di attribuire a un unico copista la responsabilità della confezione di queste due unità, mentre fluttuavo per così dire fra due estremi radicalmente opposti, apparendomi l'identità delle due mani talvolta del tutto certa, a volte decisamente improbabile. Per non fare un intervento troppo problematico e poco propedeutico, per così dire, mi fermo sull'ipotesi dell'unico scrivente, ma sarebbe forse possibile (e auspicabile, anzi) verificare ulteriormente le assonanze o piuttosto le dissonanze fra le due parti, che pure sono rilevabili, ma che si possono spiegare, forse in maniera semplicistica, appellandosi alle fisiologiche differenze nella mano di chi scrive magari in tempi diversi e con maggiore o minore rigore.

Ammettiamo dunque che a trascrivere le due unità sia stato un solo copista, di cui sappiamo già il nome, Marco. Di lui sappiamo anche altre cose, ovvero la sua devozione, il suo porsi nel solco di una tradizione consolidata per quanto riguarda le formule con cui si sottoscrive, infine la sua non coltivata dimestichezza con l'ortografia e forse con la pronuncia del latino. Più di qualche incertezza il nostro copista la fa trapelare anche nella sua scrittura, che esaminerò nel suo complesso, per quanto mi soffermerò, per ovvi motivi, soprattutto sulla IV unità. Faccio a proposito un'osservazione che suona quasi come un truismo, ovvero che, essendo i tre testi scritti da Marco, la *Passione e resurrezione* nella sezione II e il *De Hierusalem caelesti et de Babilonia civitate infernali* e il *Rainaldo e Lesengrino* nella sezione IV, opere in versi, essi seguono una tipica impaginazione a bandiera, circostanza che però condiziona in modo cogente il rapporto fra le singole lettere, fra i singoli lemmi e lo spazio fisico.

Sebbene non mancheranno, quando opportuno, richiami a quanto di specifico (e difforme) si può apprezzare nella II sezione, descrivo la scrittura della mano A sulla base dell'osservazione di due fogli esemplificativi della IV unità codicologica, ovvero i ff. 57v-58r, scelti perché l'assenza, al loro interno, degli inseri-

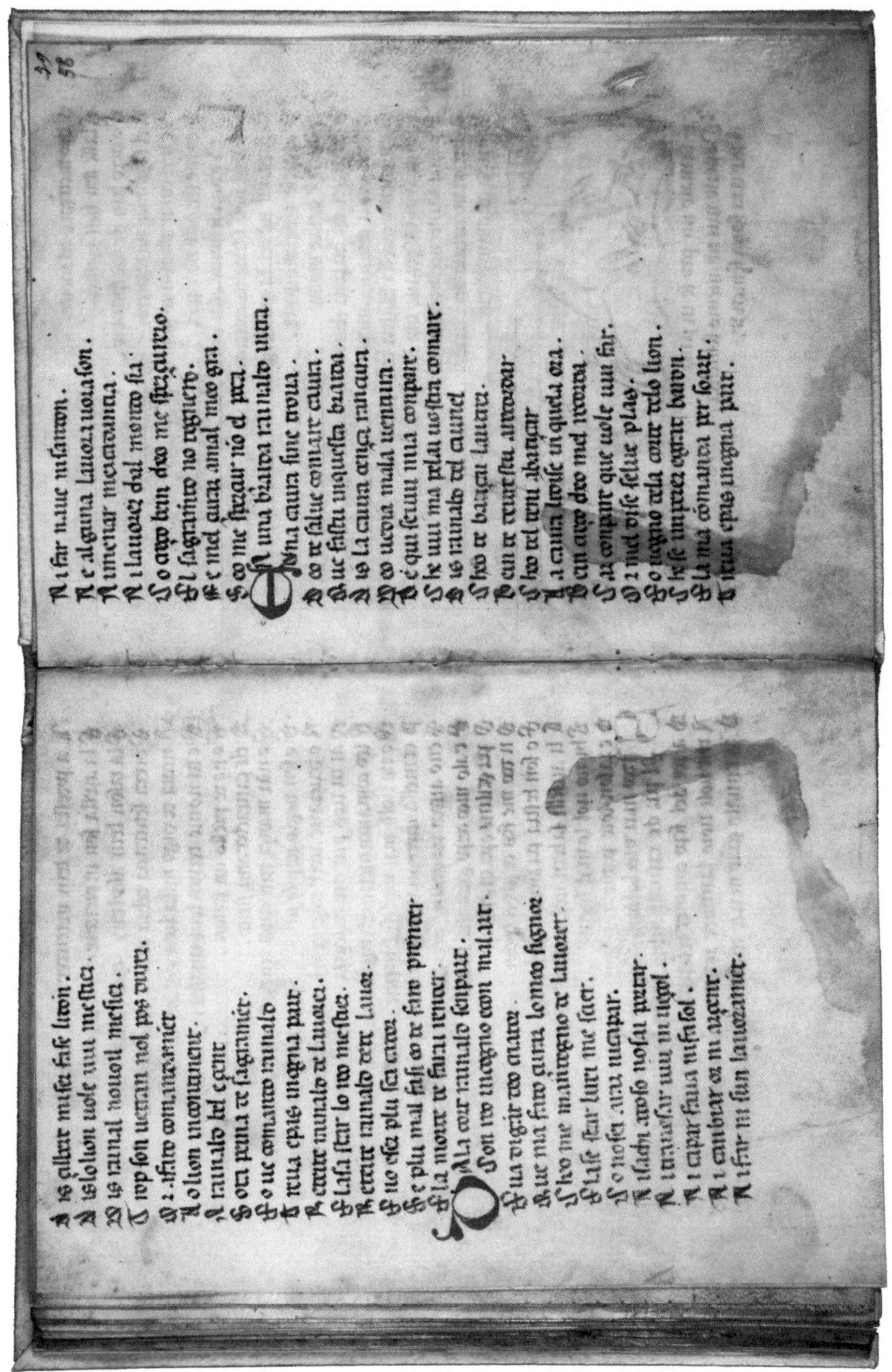

Fig. 2. Mano B – Udine, Biblioteca Arcivescovile, 26, ff. 57v-58r.

menti delle vignette con le illustrazioni ci consente di cogliere al meglio sia l'organizzazione complessiva della sostanza grafica, sia i rapporti sintagmatici, sia la morfologia delle lettere più significative (Fig. 2). Questo a partire da una valutazione complessiva sul tracciato della scrittura, che va progressivamente ingrandendo il suo modulo e che si presenta nel complesso estremamente leggibile, nonostante il fatto che, a fronte del mantenimento di una notevole unità di rigatura, dunque della distanza media fra riga e riga, notevole, le lettere, dalle dimensioni piuttosto ampie, presentano talora un rapporto fra corpo e aste ascendenti e discendenti inferiore al valore di 1:1,5, così che le aste stesse, in particolare quelle inferiori, appaiono estremamente ridotte, scendendo di poco sotto il rigo di base.

La grande leggibilità di questa scrittura è l'esito della scelta, e delle conseguenti strategie per realizzarla, di rendere la parola intera l'elemento che scandisce la catena grafica, attraverso, da una parte, l'inserimento di spazi apprezzabili fra lemma e lemma e dall'altra l'eliminazione di spazi fra lettera e lettera all'interno della singola parola. Con qualche eccezione, tuttavia. In un caso l'eccezione è data dal fatto che lemmi accostati che costituiscono per così dire delle clausole logiche (ad esempio articolo e nome oppure preposizione e nome, in logica connessione reciproca) sono scritti l'uno di seguito all'altro, senza separazione. Nell'altro caso l'eccezione deriva dalla circostanza per cui se le lettere aperte a destra, o almeno alcune lettere aperte a destra, come *c*, *r* e *t*, tendono di norma a chiudere sulle successive, e se si realizzano con buona, ma non assoluta, regolarità connessioni fra lettere in successione, come i nessi di curve contrapposte e le legature a ponte (queste ultime tracciate tuttavia in modo un poco innaturale), è anche vero che in molti altri casi le lettere all'interno delle parole si dispongono in una sequenza innegabilmente un poco sgranata, mantenendo una qualche loro individualità, e le parole stesse di conseguenza non appaiono blocchi troppo compatti e ben serrati. Tutte scelte che ribadiscono peraltro quanto già messo in atto dalla mano A.

In una scrittura come questa, dal tracciato mediamente pesante ma uniforme e dunque privo di chiaroscuro, tendente a una qualche verticalizzazione, che non vede l'imporsi del fenomeno della spezzatura dei tratti e delle curve, le lettere non appaiono sempre perfettamente allineate e non mantengono sempre il medesimo modulo, anche se, di norma, sono inseribili in un rettangolo che poggia sul lato corto. Né appare realizzata all'estremo l'assimilazione grafica: le singole lettere infatti sono perfettamente riconoscibili e distinguibili, e questo avviene anche nel caso delle cosiddette *lettres à jambages*, ovvero *i*, *m*, *n* e *u*, che sono costruite ripetendo i tratti della *i*, dunque i cosiddetti minimi. A far evitare letture equivoche concorrono peraltro sia la presenza di alcuni tratti diacritici apposti sulle singole *i* (i quali tuttavia non vengono usati regolarmente e pertanto potrebbero forse intendersi come degli inserimenti realizzati da una mano diversa, magari successiva), sia l'uso irregolare dei trattini di attacco e di stacco, così che accade che le lettere sopra citate siano sempre perfettamente riconoscibili e in nessun modo confondibili l'una con l'altra. Nel caso di una doppia *i* in sequenza si evita qualsiasi confusione anche in virtù del fatto che si impone la pratica di tracciare la seconda *i* allungandola sotto il rigo di scrittura, così da renderla riconoscibile.

Fig. 3. *Lettres à jambages.*

Osserviamo da vicino la morfologia delle lettere, a partire dalla *a*, che presenta un occhiello molto ridotto e il secondo tratto invece piuttosto ampio, che spesso si chiude sul primo con un frego allungato.

Fig. 4. Lettera *a.*

La *b*, come accade peraltro nel caso di *h*, *k*, *l*, presenta il primo tratto che può attaccare obliquo e che tuttavia non viene mai ritoccato per renderlo pari, poiché al suo attacco si colloca con buona frequenza un ridottissimo tratto di frego orientato verso sinistra, quando invece non si ricerca l'effetto di una sorta di una vera e propria, seppur minima, forcellatura.

Fig. 5. Lettere *b* e *l*.

La *c* presenta un secondo tratto tracciato diritto sull'ideale riga superiore di scrittura, ma non si può in alcun modo confondere con la *t*, visto che il secondo tratto di quest'ultima presenta un attacco, appena accennato, verso sinistra.

Fig. 6. Lettere *c* e *t*.

La *d* si presenta in via esclusiva nell'allografo rotondo, col secondo tratto, di modesta estensione, che oramai è perfettamente orizzontale, avendo perso dunque la sua funzione primaria di variante di posizione per la realizzazione di nessi di curve contrapposte.

Fig. 7. Lettera *d*.

La *e* presenta un occhiello estremamente ridotto e chiuso da un altrettanto ridotto terzo tratto di frego.

Fig. 8. Lettera *e*.

La *f* (come peraltro la *s* diritta) scende di poco sotto il rigo di base.

Fig. 9. Lettere *f* e *s*.

La *g* si presenta con una riconoscibile morfologia, data dalla sovrapposizione di due sezioni perfettamente rotonde e simmetriche, morfologia la quale è in qualche modo tipica dei codici della fase iniziale della letteratura in volgare.

Fig. 10. Lettera *g*.

La *h* presenta il secondo tratto che scende sotto il rigo di base.

Fig. 11. Lettera *h*.

La *k* presenta il secondo tratto curvo più ampio e il terzo tratto di dimensioni più ridotte e quasi sempre orizzontale.

Fig. 12. Lettera *k*.

La *o* non è più composta da perfetti archi di cerchio, bensì presenta una forma leggermente più compressa lateralmente.

Fig. 13. Lettera *o*.

La *r* si presenta nelle due varianti diritta e rotonda. La *r* rotonda, dalla morfologia caratteristica, in cui spicca il primo tratto curvo piuttosto essenziale, è una variante di posizione, anzi è anche una variante di posizione, dal momento che si trova prevalentemente (e regolarmente) dopo la lettera *o*, a creare dunque il nesso *or*, sia all'interno che in fine di parola. L'uso in altre collocazioni segue due direttrici diverse: è dato infatti incontrare in un certo numero di occorrenze la forma rotonda collocata dietro vocale, sia all'interno che in fine di parola, mentre appare poco più che un'eccezione la collocazione di *r* rotonda dopo consonante, che termina peraltro sempre con un tratto curvo, a formare nessi di curve contrapposte.

Fig. 14. Lettera *r*.

La *s* si presenta prevalentemente in due forme: quella diritta, più attestata, caratterizzata da un ridottissimo elemento esornativo posto a metà dell'asta, e quella rotonda, usata sempre con funzione diacritica in fine di parola, leggermente sovradimensionata rispetto alle altre lettere. Non manca tuttavia un terzo allografo, ovvero una *s* che potrei definire allungata o sinuosa, dalla riconoscibile (e peraltro diffusa) morfologia, che ci appare come una sorta di *s* rotonda semplificata nella sua parte inferiore, che si affianca agli altri due allografi di *s*, ovvero la forma diritta e quella rotonda, e con la quale vengono anche a crearsi nessi di curve contrapposte.

Fig. 15a-b. Lettera *s*.

È possibile osservare tracce dell'uso, seppure episodico, della variante angolare di *u*/*v*, variante che, sempre in funzione dissimilatoria, a questa altezza cronologica si impone, in particolare nelle esperienze grafiche transalpine, all'inizio di parola e che si presenta in alcune occorrenze con una morfologia interessante, col primo tratto che in realtà forma una sorta di angolo retto e il secondo tratto dalle dimensioni minime.

Fig. 16. Lettera *u*/*v*.

Si noti infine la presenza della *ç* dalla forma piuttosto caratteristica, visto che viene tracciata come una *c* nella cui parte inferiore, congiunto con un sottilissimo frego, si colloca una sorta di ridotto terzo tratto, curvo, sia posizionato verticalmente che, all'opposto, orientato in orizzontale.

Fig. 17a-b. Lettera *ç*.

Vale la pena aggiungere una parola sul sistema abbreviativo utilizzato all'interno del testo. Non senza almeno premettere quanto sia stato complesso adattare tipologie abbreviative costruite per la lingua latina alla lingua, anzi alle tante lingue volgari, così diverse dalla prima dal punto di vista fonologico e grafico, si osservano nelle due sezioni comportamenti in parte diversi. La II sezione, infatti, presenta un tasso di abbreviature non elevatissimo, mentre invece è innegabile la loro varietà tipologica: accanto ad attestazioni numericamente poco significative di troncamenti e contrazioni vi sono quelle ben più cospicue di omissione di nasale, dei cosiddetti compendi di *p* e di *q*, di note tachigrafiche per la congiunzione *et* e le sillabe *cum*/*con*, di *titulus* curvilineo per esprimere la *r*, di un ampio spettro di *nomina sacra*, dunque quelle particolari modalità di presentazione dei nomi relativi alla divinità, per *Dominus*, *Deus*, *Iesus Christus* e *Spiritus Sanctus*. Nella IV sezione, invece (e c'è da chiedersi se questo comportamento non sia da porre in relazione con la fisionomia, anche linguistica, dei diversi testi da lui copiati), la scelta fatta dal copista Marco è stata quella di limitarsi a un impiego, se non sporadico, certamente più contenuto delle parole abbreviate; si tratta insomma di una presenza più episodica, non tale comunque da essere irrilevante, che contempla compendi dallo scioglimento del tutto inequivoco, segnalati in modo altrettanto inequivoco: le tipologie sono quelle appena indicate, cui si può aggiungere la presenza delle abbreviature per letterina sovrascritta.

Appare invece singolare, in questa parte, il fatto che non solo ai *nomina sacra* si affianchino i nomi scritti per esteso, ma che qualcuna di queste forme compendiate per esprimere i nomi della divinità si presentino con strutture originali, difformi rispetto a quelle consolidate nei secoli, come ad esempio è il caso di *Cristo* abbreviato con la *i* soprascritta.

Fig. 18a-b. *Nomen sacrum Christus*.

Resta infine da esaminare la mano, anzi le mani della III sezione. A scrivere infatti, lo si è già precisato, sono due persone distinte, una, la principale, che indichiamo come la mano C, sostanzialmente coeva alle precedenti due (cfr. Fig. 19), e una posteriore, la mano D, collocabile invece già nel Quattrocento, che scrive nei fogli o nelle parti di foglio rimasti bianchi imitando, anzi, forse meglio riproponendo la *littera textualis*, in una versione decisamente meno spontanea e lineare (cfr. Fig. 20). La datazione della mano C, mano competente e che echeggia modelli nord-italiani, forse anche transalpini, per la verità non è così pacifica, ma se devo stare alle mie sole valutazioni (anche qui, infatti, i pareri che ho potu-

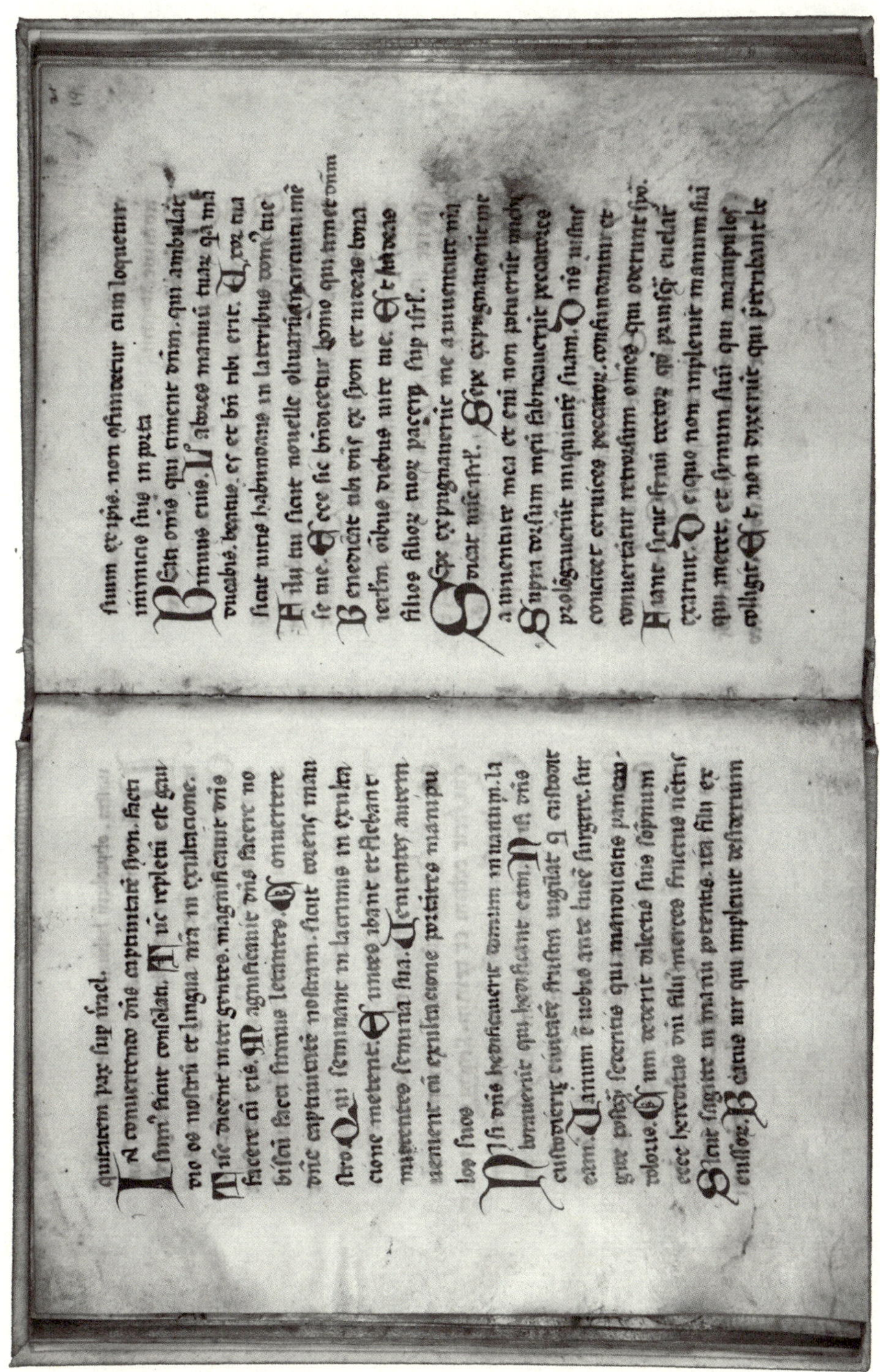

Fig. 19. Mano C – Udine, Biblioteca Arcivescovile, 26, ff. 18v-19r.

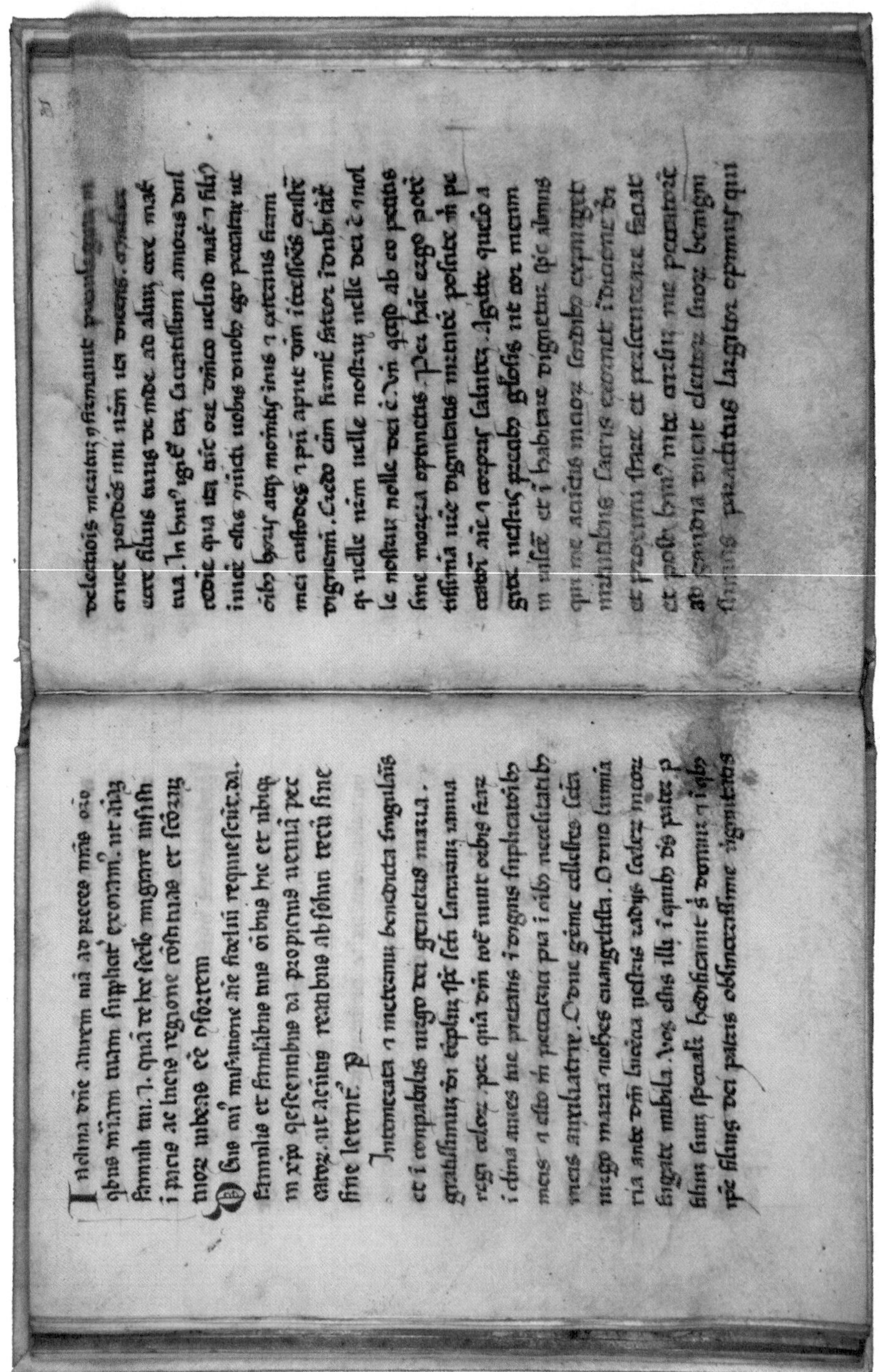

Fig. 20. Mano D – Udine, Biblioteca Arcivescovile, 26, ff. 29v-30r.

to raccogliere non si distanziano né si contraddicono troppo, ma non collimano perfettamente) direi che essa è sincrona rispetto alle mani A e B, dato che oramai si afferma visibilmente al suo interno qualche tratto di semplificazione del canone, e dunque collochiamo questa terza scrittura, la cui *facies* si sta allontanando dalla fisionomia della *rotunda*, legittimamente entro la metà del Trecento, non senza ammettere che possa venire la tentazione di considerarla invece la più alta cronologicamente.

Anche in questo caso mi esimo dal fare un'analisi paleografica più (e inutilmente) puntuale e mi limito a segnalare gli elementi salienti che definiscono la fisionomia di questa realizzazione grafica, non senza precisare che nulla invece dirò dell'altra mano attestata in questa sezione, mano che, come appena ricordato, troviamo relegata in alcuni fogli e che mi appare una fioca eco quattrocentesca della testuale tardomedievale.

In realtà, senza ripetermi, rimando a quello che ho appena precisato a proposito delle altre scritture attestate nel manoscritto, tutte dunque appartenenti a una medesima galassia, tutte accomunate da una certa disinvoltura nell'esecuzione, la quale non si accompagna però ad altrettanta uniformità nel collocare le lettere sul rigo e nell'occupazione dello spazio, quasi ci fosse un filo rosso che sottende a tutte le realizzazioni grafiche di codice e che le connette idealmente e strettamente. Mi limito a sottolineare ancora una volta la notevole leggibilità anche di questa specifica scrittura, mai troppo assimilata, mai troppo spezzata, ben ritmata, con parole grafiche ben individuabili ma che non si presentano come blocchi compatti; al contrario al loro interno le lettere sono sempre elementi costitutivi individuali, riconoscibili, non confondibili.

E aggiungo solo due osservazioni. La prima riguarda la scelta, che la mano C condivide con quella dell'ormai noto copista Marco, di utilizzare alcune delle varianti grafiche che sono proprie della *littera textualis*, talora in via esclusiva. Mi riferisco alla *d* rotonda, che in questa sezione – come peraltro in quelle precedenti, perché anche la mano A si era orientata ineluttabilmente verso quella direzione – ha oramai del tutto soppiantato la forma diritta, come alla *r* rotonda, che viene usata, seppure non troppo frequentemente, sia dopo la *o*, a formare il canonizzato nesso *or*, sia dopo una consonante che però deve terminare con un tratto curvo, secondo in qualche modo il medesimo principio, seguendo un doppio percorso, per così dire, che è poi quello che abbiamo già illustrato nel caso della mano B e che sceglie, sebbene non troppo regolarmente, anche la mano A. Parlando di varianti grafiche mi riferisco però anche a due altre forme, attestate invece in particolare, per quanto non esclusivamente, in questa sezione, ma che sono ben radicate nelle esperienze coeve, ovvero alla *m* onciale poco sviluppata in larghezza e posta in verticale, collocata inevitabilmente sempre in fine di parola (che in questo contesto viene elegantemente elaborata e arricchita da un sottile tratto curvo finale), e alla *s* sinuosa cui abbiamo già fatto cenno.

La seconda osservazione riguarda il fatto che in questo contesto, dunque in un contesto linguistico latino, è presente – contrariamente a quanto abbiamo visto accadere almeno in alcune delle sezioni precedenti – un uso sostenuto e consapevole del sistema abbreviativo. Sebbene non abbia senso fare alcuna valutazione di ordine quantitativo, e sebbene la densità delle abbreviature aumenti o diminuisca a seconda dei testi e dunque dei fogli, resta il fatto che le forme compendiate sono ben attestate, in una interessante varietà tipologica, che contempla, accanto a consolidate forme di troncamenti e contrazioni, ad esempio anche i *nomina sacra* e molti segni speciali, etichetta con cui si indicano forme di remota origine tachigrafica impiegate anche in scritture alfabetiche, fra cui notiamo quelle per esprimere le desinenze *-ur* e *-us*.

Un caso del tutto opposto, insomma, a quello che è dato osservare nella I unità codicologica, in cui – non l'ho detto allora, lo dico ora – la presenza delle abbreviature è così irrilevante e rarefatta da risultare in alcuni fogli addirittura quasi impercettibile: di fatto le abbreviature, che esibiscono pure una certa varietà tipologica, sono invece numericamente scarse e consistono in qualche omissione di nasale, nell'uso della nota tachigrafica per esprimere la congiunzione *et* e nel compendio di *p* per *per*, oltre a qualche rarissimo caso di contrazione, di *nomina sacra* e di uso del *titulus* curvilineo per esprimere la *r* preceduta o seguita da vocale.

Giulia Simeoni

Rainaldo e Lesengrino: la favola della volpe e del lupo illustrata nel codice 26 della Biblioteca Arcivescovile di Udine

Il racconto della volpe Rainaldo e del lupo Lesengrino si colloca nell'ambito dei poemi epigoni del *Roman de Renart* in quel filone della tradizione popolare favolistica di animali che ebbe grande fortuna in età medievale.[1] L'opera, suddivisa in due parti, si apre ispirandosi liberamente alla narrazione del *Jugement de Renart*, la più nota tra le *branches* del testo francese; seguono poi l'episodio della mezzadria in cui Rainaldo è condannato a lavorare per espiare i suoi misfatti e una serie di avventure che coinvolge la volpe, il lupo e la capra, estranei invece alla tradizione francese.[2]

Non è nota la redazione originale in volgare del *Rainaldo e Lesengrino*, che probabilmente risale alla fine del Duecento, ma esistono le rielaborazioni che tramandano due *branches* italiane attestate dai codici miscellanei trecenteschi ms. Canon. it. 48 della Bodleian Library di Oxford (ff. 6r-19r) (= O) e ms. 26 della Biblioteca Arcivescovile di Udine (ff. 50v-64v) (= U).[3] A questi due esemplari si aggiunge una terza testimonianza frammentaria di grande importanza, in quanto più antica dei manoscritti menzionati: si tratta di un documento notarile del 1303 (Bologna, Archivio di Stato, Memoriale 106, f. 267v) redatto dal notaio Lorenzo de

1. Per un approfondimento sulla genesi e sulla fortuna del *Roman de Renart* si rimanda a: Hans Robert Jauss, *Untersuchungen zur mittelalterlichen Tierdichtung*, Tübingen, Niemeyer, 1959; John Flinn, *Le roman de Renart dans la littérature française et dans les littératures étrangères au Moyen Âge*, Paris, Presses Universitaires de France, 1963; Robert Bossuat, *Le Roman de Renard*, Paris, Hatier, 1967; *Il romanzo di Renart la volpe*, a cura di Massimo Bonafin, Alessandria, Edizioni dell'Orso, 2004[4] (1998[1]); James R. Simpson, *Animal Body. Literary Corpus: the Old French* Roman de Renart, Amsterdam-Atlanta, Rodopi, 1996; François Zufferey, *Genèse et tradition du roman de* Renart, in «Revue de linguistique romane», 75 (2011), pp. 127-189; *Vita e morte avventurose di Renart la volpe*, a cura di Massimo Bonafin, Alessandria, Edizioni dell'Orso, 2012, con ampia bibliografia precedente.

2. Bossuat, *Le Roman de Renard*, p. 166. Questi episodi trovano però alcune corrispondenze nella *Chronique de Reims* (1260) e in altri poemi epigoni del *Roman de Renart*, come il trecentesco *Renart le Contrefait*, ipotizzando quindi l'esistenza di una fonte francese comune più antica oggi perduta (cfr. Anna Lomazzi, *Rainaldo e Lesengrino*, prefazione di Gianfranco Folena, Firenze, Olschki, 1972, pp. 32-37).

3. Si rimanda al testo di Lomazzi, *Rainaldo e Lesengrino* per l'edizione più recente della tradizione in volgare di *Rainaldo e Lesengrino*, con approfondito studio introduttivo e analisi linguistica del testo. Per il codice di Udine si veda Roberto Benedetti, *'Rainaldo e Lesengrino' e le peripezie della volpe nel divenire*, in *Rainaldo. La volpe in Alpe Adria e dintorni: letteratura, arte, tradizioni, ambiente (con riproduzione del ms. Udine, Biblioteca Arcivescovile, 26)*, a cura di Id., Tricesimo (Udine), Vattori, 2005, pp. 7-64.

Caccia alla volpe. Studi sul Rainaldo e Lesengrino, a cura di G. Borriero, N. Giovè Marchioli.
ISBN 978-88-3313-979-1

Plastellis con l'aggiunta di una decina di versi in volgare riconosciuta come l'inizio della storia di Rainaldo e Lesengrino secondo la lezione del codice O di Oxford.[4]

Queste testimonianze attestano la diffusione del poemetto e la grande influenza della cultura e della letteratura francese tra fine XIII e inizio XIV secolo, in particolare modo nell'Italia centro-settentrionale. In questo contesto si inserisce il racconto di *Rainaldo e Lesengrino*, per il quale è stata ipotizzata una collocazione della fonte originaria nell'ambito della tradizione franco-veneta. Grazie allo studio linguistico del testo condotto da Anna Lomazzi, è stato possibile proporre una localizzazione della versione U tramandata dal ms. 26 della Biblioteca Arcivescovile di Udine «nel quadro della composita cultura della Marca trevigiana, *carrefour* culturale aperto agli influssi più diversi».[5] Inoltre, il codice udinese è il testimone più interessante per quanto riguarda la tradizione illustrativa del testo poiché è l'unico attualmente noto a presentare il racconto della volpe Rainaldo e del lupo Lesengrino corredato da 12 vignette istoriate (ff. 50v-64v).

Il manoscritto membranaceo in questione è una raccolta miscellanea di testi sacri e profani latini e volgari che si compone di quattro sezioni copiate in *littera textualis* da altrettanti copisti in tempi diversi.[6] Le unità codicologiche di maggiore interesse sotto l'aspetto dell'illustrazione sono la seconda, che comprende il poemetto della *Passione e Risurrezione* e l'orazione alla Vergine '*Pia domina dulcissima ornata seculi gemma*' (ff. 9r-16r), e la quarta con il *De Hierusalem celesti et de Babilonia civitate infernali* e il *Rainaldo e Lesengrino* (ff. 39r-64v). Come già rilevato da Cesare Scalon e confermato da Nicoletta Giovè Marchioli e Laura Pani, entrambe le unità condividono le stesse caratteristiche codicologiche e risultano essere trascritte dalla stessa mano e con grande probabilità erano state progettate in modo unitario.[7] Inoltre, il copista responsabile della trascrizione dei testi, un tale *Marcus,* si firma nel colophon del f. 64v: «Finito libro sit laus et gloria Cristo. | Qui scribiit [*sic*] scribat semper cum Domino vivat. | Vivat in celis Marcus in nomine felis [*sic*]. Amen».

Nell'indagare l'apparato illustrativo emergono due questioni fondamentali alle quali si cercherà di rispondere: la prima riguarda il problema dell'attribuzione dei disegni; la seconda la collocazione temporale e geografica della realizzazione del codice.

4. Si tratta di un documento notarile in cui sono attestati alcuni versi astrologici latini e una decina di versi in volgare. Questi ultimi sono stati riconosciuti per la prima volta da Ezio Levi come l'inizio del romanzo di *Rainaldo e Lesengrino* secondo la lezione del codice O di Oxford che non prevede i 42 versi iniziali di prologo attestati invece nel codice in Udine (U). Cfr. Ezio Levi, *Frammenti inediti di poesia trecentesca*, in *Scritti varii di erudizione e di critica in onore di Rodolfo Renier*, Torino, Bocca, 1912, pp. 419-431 (in partic. pp. 420-423); *Rime due e trecentesche tratte dall'Archivio di Stato di Bologna*, edizione critica a cura di Sandro Orlando, con la consulenza archivistica di Giorgio Marcon, Bologna, Commissione per i testi di lingua, 2005, pp. 91-92 nota 62.

5. Anna Lomazzi, *Primi monumenti del volgare*, in *Storia della cultura veneta*, vol. I. *Dalle origini al Trecento*, Vicenza, Neri Pozza, 1976, pp. 602-632, a p. 629.

6. Si rimanda al contributo di Nicoletta Giovè Marchioli e Laura Pani presente in questo volume per un'aggiornata e precisa descrizione del manoscritto e dei testi contenuti con riferimenti bibliografici degli studi dedicati in precedenza al codice udinese.

7. Cfr. Cesare Scalon, *La Biblioteca Arcivescovile di Udine*, Padova, Antenore, 1979, pp. 97-98 e, qui, Giovè Marchioli e Pani.

I disegni a penna e inchiostro acquerellato bruno e colorato entro riquadri con cornice rossa sono disposti all'interno dell'unica colonna di testo e illustrano il poemetto della *Passione e Resurrezione*[8] e il *Rainaldo e Lesengrino*.[9] Due illustrazioni a piena pagina decorano invece il f. 16v e il f. 50r: la prima è collocata in apertura dell'orazione alla Vergine e rappresenta Cristo in trono entro una mandorla sostenuta da due angeli nel riquadro superiore mentre in quello inferiore la Vergine attorniata da santi; la seconda illustrazione si trova alla fine dell'opera di Giacomino da Verona e raffigura nella parte superiore Cristo Pantocratore in trono tra la Vergine e un santo, probabilmente San Giovanni, e una figura di dimensioni ridotte e in atteggiamento orante – che potrebbe essere il copista *Marcus* o il committente del codice – e in quella inferiore i dannati immersi in una pentola riscaldata dal fuoco e tormentati dai diavoli.

Le raffigurazioni dei vari episodi narrati nelle due unità codicologiche menzionate (II e IV) sono accomunate dall'utilizzo della cornice rossa, ma si differenziano per l'uso del colore nelle miniature che sottolinea le diverse tipologie dei testi, quella sacra del poemetto della *Passione* e quella laica-moralizzante della favola del lupo e della volpe. Nelle miniature inerenti al tema cristiano della *Passione* prevale la policromia delle figure, con toni che virano dal verde con tracce bluastre, al giallo ocra e al viola con venature brune. Spicca poi il colore giallo delle aureole, che imita l'oro utilizzato invece nei codici miniati e nelle tavole dipinte. Al contrario, le raffigurazioni della storia di Rainaldo e Lesengrino sono realizzate a monocromo, con inchiostro bruno acquerellato e qualche tocco di colore, soprattutto nelle prime tre vignette (ff. 51v; 52v; 54r), dove i corpi della volpe e del lupo sono connotati dai manti giallognoli o rosati. In particolare, si nota l'utilizzo del pigmento rosso per realizzare le bocche degli esseri umani e le lingue degli animali, quasi a enfatizzare il potere della parola in un testo in cui prevalgono i discorsi diretti e i soliloqui dei protagonisti.[10]

Le illustrazioni del *Rainaldo e Lesengrino* sono estremamente essenziali, con rari riferimenti all'ambientazione - quali il masso roccioso su cui siede il Leone, qualche albero stilizzato e la capanna del contadino - e risultano molto corsive e a volte ripetitive, come nel caso del Leone che viene sempre raffigurato di profilo e seduto (Fig. 1). Più particolareggiate sono invece le illustrazioni a carattere sacro degli altri testi della miscellanea, in modo specifico le miniature a piena pagina e le scene della *Passione di Cristo* che si ispirano al repertorio della pittura veneta monumentale o su tavola. Infatti, le vignette del ciclo della *Passio-*

8. Le illustrazioni della *Passione e Risurrezione* sono le seguenti: Bacio di Giuda, Gesù davanti a Pilato e Flagellazione (f. 9v); Gesù condotto via dai soldati (f. 10r); Salita al Calvario e le tre Marie (f. 10v); Crocifissione con i due ladroni (f. 11r); Crocifissione tra i dolenti (Vergine e San Giovanni) e con i due ladroni (f. 12r); Crocifissione e presenza dei soldati con la lancia e la spugna (f. 12v); Deposizione dalla croce (f. 13v); Compianto sul Cristo e Cristo nel sepolcro (f. 14r); Apparizione dell'Angelo alle Marie sul sepolcro (15r); Apparizione di Cristo alla Maddalena e alle pie donne (f. 15v).

9. Si rimanda all'appendice del presente contributo per la descrizione delle scene. Le carte illustrate del *Rainaldo e Lesengrino* sono riprodotte in Benedetti, *'Rainaldo e Lesengrino'*, pp. 49-63 e figg. I.1-I.15.

10. Ivi, p. 14.

Fig. 1. Udine, Biblioteca Arcivescovile, 26, f. 51v.

ne presentano affinità compositive e iconografiche con alcune scene delle *Storiette della vita di Cristo* dipinte in tavolette di piccole dimensioni nello scomparto centrale del trittico di Santa Chiara, opera realizzata da un pittore veneziano verso la fine del terzo decennio del Trecento per il monastero benedettino di San Cipriano a Trieste, oggi conservata al Museo Civico triestino.[11]

La verve popolare e spontanea delle illustrazioni del codice udinese ben si inserisce all'interno del filone culturale e artistico di area veneta in cui si trovano altri codici databili entro la prima metà del Trecento e decorati da disegni a penna e inchiostro, sebbene più articolati e ricchi dal punto di vista illustrativo.[12] Ne è un esempio il *Compendium* o *Chronologia magna* di Paolino Veneto, ms. Lat. Z. 399 (= 1610) della Biblioteca Nazionale Marciana, realizzato verso il 1323 a Venezia e ornato da numerosi disegni tabellari a monocromo che ri-

11. Francesca d'Arcais, *Venezia*, in *La pittura nel Veneto. Il Trecento*, a cura di Mauro Lucco, Milano, Electa, 1992, pp. 17-87 (in particolare pp. 19-20). Per il trittico di Santa Chiara di Trieste cfr. anche Maria Walcher Casotti, *Il trittico di S. Chiara di Trieste e l'orientamento paleologo nell'arte di Paolo Veneziano*, Trieste, Università degli Studi di Trieste, 1961; Rodolfo Pallucchini, *La pittura veneziana del Trecento,* Venezia-Roma, Istituto per la collaborazione culturale, 1964, pp. 26, 67-68, 87; Victor Lazareff, *Saggi sulla pittura veneziana dei secoli XIII e XIV. La maniera greca e il problema della maniera cortese. I*, in «Arte Veneta», 19 (1965), pp. 17-31, a p. 21 (e nota 32).

12. Per la miniatura in Veneto nel Trecento: Giordana Mariani Canova, *La miniatura veneta del Trecento tra Padova e Venezia*, in *La pittura nel Veneto. Il Trecento*, pp. 383-408; Ead., *La miniatura del Trecento in Veneto,* in *La miniatura in Italia. Dal tardoantico al Trecento con riferimenti al Medio Oriente e all'Occidente europeo,* vol. I, a cura di Antonella Putaturo Donati Murano e Alessandra Perriccioli Saggese, Napoli, Edizioni Scientifiche Italiane, 2005, pp. 164-176 (in particolare pp. 172-174 per la miniatura veneziana).

flettono le novità della miniatura veneziana.[13] Sono altresì degni di nota anche alcuni codici contenenti opere della letteratura franco-veneta, oggi alla Biblioteca Marciana, illustrati da disegni a penna e inchiostro acquerellati e policromi realizzati in ambito veneto nel corso del Trecento, come l'ampia raccolta della *Geste Francor* (ms. Fr. Z. 13 = 256) databile alla metà del XIV secolo[14] e alcune vignette dell'*Entrée d'Espagne* (ms. Fr. Z. 21 = 257).[15] Anche il più tardo *Ovidius moralizatus* di Pierre Bersuire del ms. Cassaf. 3.4. della Biblioteca Civica Angelo Mai di Bergamo, prodotto probabilmente a Padova entro la seconda metà del Trecento, è illustrato da 210 disegni di scarsa qualità in vignette con cornice rossa.[16]

13. Si veda a proposito di questo codice marciano Bernhard Degenhart, Annegrit Schmitt, *Corpus der italienischen Zeichnungen 1330-1450.* II. *Venedig. Addenda zu Süd- und Mittelitalien*, Berlin, Gebr. Mann Verlag, 1980, pp. 48-75, cat. nr. 638 e Susy Marcon, Compendium, *ovvero* Chronologia magna, *BNM, Lat. Z. 399 (=1610). Il caso singolare di un manoscritto trecentesco in fascicolo unico*, in *Paolino Veneto, storico narratore e geografo*, a cura di Roberta Morosini e Marcello Ciccuto, Roma-Bristol, "L'Erma" di Bretschneider, 2020, pp. 93-116, in partic. alle pp. 104-112 per la datazione e l'analisi dei disegni.

14. Per il manoscritto della *Geste Francor* della Biblioteca Marciana si rimanda a Francesca d'Arcais, *Les illustrations des manuscrits français des Gonzague à la Bibliothèque de Saint-Marc*, in *Essor et fortune de la Chanson de geste dans l'Europe et l'Orient latin.* Actes du IXe Congrès International de la Société Rencesvals pour l'Étude des Épopées Romanes (Padoue-Venise, 29 août - 4 septembre 1982), 2 voll., Modena, Mucchi, 1984, vol. II, pp. 585-616, a p. 594. In precedenza, il manoscritto era stato datato al XIII secolo in *Codici Marciani ed edizioni italiane antiche di epopea carolingia.* Catalogo della mostra in occasione del II Congresso della Société Rencesvals (Venezia, settembre 1961), a cura di Giorgio Emanuele Ferrari, Venezia, Biblioteca Nazionale Marciana, 1961, p. 4, cat. nr. 7 e Rita Lejeune, Jacques Stiennon, *La légende de Roland dans l'art du Moyen Âge*, 2 voll., Bruxelles, Arcade, 1966, vol. I, pp. 155, 259. Si veda da ultimo anche Sebastiano Bisson, *Il fondo francese della Biblioteca Marciana di Venezia*, Roma, Edizioni di Storia e Letteratura, 2008.

15. Numerosi sono gli studi che si sono interessati di indagare dal punto di vista letterario e storico-artistico il manoscritto dell'*Entrée d'Espagne,* che presenta un apparato decorativo realizzato in più fasi e in tempi diversi. Cfr. Pietro Toesca, *Le miniature dell'*Entrée d'Espagne, in *Scritti vari di erudizione e di critica in onore di Rodolfo Renier*, Torino, Bocca, 1912, pp. 747-753; *Mostra storica nazionale della Miniatura.* Catalogo della mostra (Roma, Palazzo Venezia, 1953), a cura di Giovanni Muzzioli, Firenze, Sansoni, 1954, p. 159; Mario Salmi, *La miniatura italiana*, Milano, Electa, 1955, p. 38; Lejeune, Stiennon, *La légende de Roland*, vol. I, pp. 243-260; Lorenza Novello, *L'illustrazione dell'*Entrée d'Espagne *della Biblioteca Marciana: la prima fase*, in *Il codice miniato in Europa. Libri per la chiesa, per la città, per la corte,* a cura di Giordana Mariani Canova e Alessandra Perricciolі Saggese, Padova, Il Poligrafo, 2014, pp. 289-302 e Lorenza Novello, *La seconda fase illustrativa dell'*Entrée d'Espagne *della Marciana di Venezia*, in «Rivista di Storia della Miniatura», 20 (2016), pp. 115-128.

16. Cristina Venturini, *La fortuna iconografica delle* Metamorfosi *di Ovidio nei codici miniati dell'*Ovidius moralizatus *e dell'*Ovide moralisé en vers français, in *Ovidio. Amori, miti e altre storie.* Catalogo della mostra (Roma, Scuderie del Quirinale, 17 ottobre 2018 - 20 gennaio 2019), a cura di Francesca Ghedini, Vincenzo Farinella, Giulia Salvo, Federica Toniolo, Napoli-Roma, Arte'm-L'Erma di Bretschneider, 2018, pp. 103-105, in particolare pp. 105 e 284, cat. nr. 198 (scheda di Cristina Venturini); Cristina Venturini, *Le 'Metamorfosi' al servizio della letteratura trecentesca*, in *Miti, figure, metamorfosi. L'Ovidio di Dante*, a cura di Carlota Cattermole e Marcello Ciccuto, Firenze, Le Lettere, 2019, pp. 377-393, a p. 381. Cfr. d'Arcais, *Les illustrations des manuscrits*, p. 594 in cui propone una datazione del codice nella seconda metà del XIV secolo; *Codici e incunaboli miniati della Biblioteca Civica di Bergamo*, a cura di Maria Luisa Gatti Perer, Bergamo, Credito bergamasco, 1989, pp. 286-310, cat. nr. 122 (scheda di Andrea Spiriti); Giordana Mariani Canova, *Autunno del Medioevo e memoria degli antichi: documenti della miniatura tra Padova e Venezia*, in

La tipologia illustrativa con miniature tabellari collocate a margine della colonna di testo si ritroverà anche in un manoscritto tardo trecentesco più affine dal punto di vista del contenuto al *Rainaldo e Lesengrino* udinese, ossia il ms. 1213 della Biblioteca Universitaria di Bologna contenente le *Favole* di Esopo tradotte in latino da Gualtiero Anglico, realizzato per la corte viscontea di Milano dal Maestro del libro d'Ore di Modena identificato con Tomasino da Vimercate.[17]

L'idea di utilizzare la vignetta profilata di rosso, che rievoca la tradizione illustrativa dei codici tardoantichi, associata all'utilizzo della tecnica a monocromo con l'inchiostro bruno acquerellato, rende l'apparato illustrativo funzionale alla trasmissione del messaggio morale contenuto nel testo, come nel caso dell'*Ovidius moralizatus* di Bergamo. Questo espediente ha un precedente nella pittura monumentale veneta che risale all'invenzione giottesca dello zoccolo "all'antica" con *i Vizi e le Virtù* affrescato nella Cappella Scrovegni all'inizio del XIV secolo.[18]

Il livello qualitativamente mediocre dei disegni del ms. 26 di Udine, connotati da resa corsiva, da semplificazione delle figure prive di volume e fisicità, da bidimensionalità ed essenzialità degli scenari in cui si svolgono gli episodi, rende difficile attribuire con certezza la paternità dell'apparato illustrativo a un maestro dalla precisa identità artistica. Già in precedenza era stato sottolineato come tutte le scene, quelle di carattere religioso e quelle profane «disegnate rozzamente»,[19] sono riconducibili a un'unica «mano non molto esperta»,[20] che per raffigurare gli episodi di Rainaldo e Lesengrino «si serve di schemi popolareschi che non hanno una precisa collocazione di tempo e di luogo».[21] Ma appare chiaro il modo in cui

Medioevo: il tempo degli antichi. Atti del Convegno Internazionale di studi (Parma, 24-28 settembre 2003), a cura di Arturo Carlo Quintavalle, Milano, Electa, 2006, pp. 611-620.

17. Per l'Esopo di Bologna si rimanda a Rita de Tata, *Manuscrito 1213,* in Fabulae. *Las Fábulas latinas de Esopo*, 2 voll., Madrid-Bologna, Ars Magna-Biblioteca Universitaria di Bologna, 2001, vol. I, pp. 95-106. Per un profilo del miniatore cfr. Milvia Bollati, *Maestro del Libro d'Ore di Modena,* in *Dizionario Biografico dei Miniatori italiani. Secoli IX-XVI*, a cura di Milvia Bollati, Milano, Bonnard, 2004, pp. 595-597. Per un approfondimento sui manoscritti illustrati esopiani cfr. *Esopo toscano dei frati e dei mercanti trecenteschi*, a cura di Vittore Branca, Venezia, Marsilio, 1989; *Esopo veneto: testo trecentesco inedito*, pubblicato criticamente per cura di Vittore Branca, Padova, Antenore, 1992; Caterina Griffante, *Esopo tra Medio Evo ed Umanesimo. Rassegna di studi*, in «Lettere italiane», 46 (1994), pp. 315-340; *L'*Esopo *di Udine (cod. Bartolini 83 della Biblioteca Arcivescovile di Udine)*, a cura di Claudio Ciociola, 2 voll., Udine, Casamassima, 1996; Caterina Mordeglia, *La rappresentazione del corpo animale nei manoscritti di favole esopiche latine*, in «Reinardus», 25 (2013), pp. 120-140; Andrea Beretta, *Un nuovo testimone del volgarizzamento veneto dell'*Esopus *attribuito a Gualtiero Anglico*, in «Reinardus», 30 (2018), pp. 1-23.

18. Cfr. Serena Romano, *Giotto e la nuova pittura. Immagine, parola e tecnica nel primo Trecento italiano,* in *Il secolo di Giotto*, a cura di Giovanna Valenzano e Federica Toniolo, Venezia, Istituto veneto di scienze, lettere e arti, 2007, pp. 7-30.

19. Giuseppe Mazzatinti, *Inventari dei manoscritti delle biblioteche d'Italia*, III, Forlì, Bordandini, 1893, pp. 228-229.

20. Scalon, *La Biblioteca Arcivescovile,* p. 98.

21. *Miniatura in Friuli.* Catalogo della mostra (Villa Manin di Passariano, 9 giugno - 27 ottobre 1985), a cura di Giuseppe Bergamini, Udine, Istituto per l'Enciclopedia del Friuli Venezia Giulia, 1985, pp. 73-74 (scheda di Giuseppe Bergamini), in particolare p. 73. Cfr. anche *La Biblioteca Patriarcale-Arcivescovile. Codici e manoscritti*, a cura di Sandro Piussi, Udine, s.e., 2005, pp. 78-79 (scheda di Katja Piazza) e Roberto Benedetti, *I libri della letteratura in volgare*, in *I libri dei patriarchi. Un percorso nella cultura scritta del Friuli medievale*, a cura di Cesare Scalon, Udine,

sono impostati e realizzati i fogli illustrati: nella fase di copiatura, la colonna di testo viene interrotta in punti precisi per lasciare spazio ai disegni che vengono successivamente incorniciati dai bordi rossi delle vignette, eseguiti a mano libera (e quindi mai perfettamente rettangolari) che spesso si sovrappongono alla parte inferiore dei disegni e alle linee di testo che delimitano lo spazio in cui sono inserite le illustrazioni.[22]

La semplicità dei disegni, la mancanza di accuratezza e la rapidità di esecuzione inducono a pensare che questi siano stati realizzati da un illustratore inesperto, se non lo stesso copista o un lettore del manoscritto, in un momento non troppo distante dalla trascrizione del testo. D'altronde, la pratica di illustrare un manoscritto con disegni a penna e inchiostro non richiede grandi competenze tecniche e artistiche – diversamente dall'esecuzione di miniature a tempera.[23] La schematicità illustrativa emerge anche dall'utilizzo ripetitivo degli stessi modelli iconografici e dalla connotazione delle figure con gli stessi attribuiti identificativi, come nel caso del re Leone sempre raffigurato con lo scettro tenuto da una zampa e seduto in posizione eretta su una roccia con gli arti inferiori uniti (ff. 51v, 52v; 54v, 55r; 64r) (Fig. 1). E ancora, gli animali quali la volpe Rainaldo, il lupo Lesengrino e il tasso Gilberto sono rappresentati in modo stilizzato e non realistico, utilizzando modelli simili che raffigurano gli animali solitamente stanti sulle zampe posteriori con code lunghe, colli allungati e musi leggermente affusolati (Fig. 2).

Per quanto riguarda la realizzazione del codice udinese, di recente è stata proposta una datazione tra il quarto e il quinto decennio del Trecento.[24] Alla luce della riflessione paleografica proposta in questo volume, che colloca la copiatura del testo entro la prima metà del XIV secolo, indicativamente negli anni iniziali,[25] e sulla base stilistica dei disegni, particolarmente semplificati e difficilmente riconducibili a un miniatore esperto, credo sia possibile confermare la collocazione del manoscritto in ambito veneto probabilmente tra primo e secondo quarto del Trecento, e in ogni caso non oltre la metà del secolo.

Dall'analisi dei disegni in relazione al testo, emerge lo stretto legame tra narrazione e immagini: le scene sono inserite in punti precisi all'interno della colonna testuale e illustrano fedelmente momenti specifici del racconto con funzione didascalica e didattica. Pertanto, nell'ideazione dell'apparato illustrativo la fonte di ispirazione principale è proprio il racconto trascritto, anche se non si

Deputazione di Storia patria per il Friuli-Istituto Pio Paschini per la Storia della Chiesa in Friuli, 2014[2], pp. 263-278, a p. 271.

22. Per un approfondimento sulla progettazione di un manoscritto e sui metodi di lavoro dei miniatori medievali cfr. Jonathan James Graham Alexander, *I miniatori medievali e il loro metodo di lavoro*, prefazione a cura di Giordana Mariani Canova, traduzione di Lucia Mariani, Modena, Panini, 2003, con ampia bibliografia precedente.

23. Maria Grazia Ciardi Dupré Dal Poggetto, *Il contributo della miniatura alla formazione del Gotico internazionale*, in *Fioritura tardogotica nelle Marche*, a cura di Paolo Dal Poggetto, Milano, Electa, 1998, pp. 39-44, a p. 43.

24. Benedetti, *'Rainaldo e Lesengrino'*, p. 9. Nelle schede di catalogo precedenti, il codice è stato datato in modo approssimativo al XIV secolo (Mazzatinti, *Inventario dei manoscritti*, pp. 228-229; Scalon, *La Biblioteca Arcivescovile*, p. 98; *Miniatura in Friuli*, p. 73).

25. Cfr. il contributo di Giovè Marchioli e Pani, in questo volume.

Fig. 2. Udine, Biblioteca Arcivescovile, 26, f. 55r.

esclude che i disegni siano stati ricopiati da un modello più antico, forse l'antigrafo con la traduzione in volgare della favola, oggi perduto. Infatti, il racconto di Rainaldo e Lesengrino inizia con una ripresa liberamente interpretata del *Jugement de Renart* del *Roman de Renart* francese.[26] Questa citazione letteraria si riscontra parallelamente anche nella tradizione figurativa: la prima vignetta illustrata nel manoscritto di Udine (f. 51v) con il Leone, re degli animali contraddistinto dallo scettro, attorniato dagli altri componenti della sua corte e dal gallo Cantachiaro, si riscontra anche nei codici francesi illustrati del *Roman de Renart* conservati alla Bibliothèque nationale de France di Parigi, quali il ms. fr. 1579 di fine XIII secolo (f. 1r) e il ms. fr. 1580 (f. 55r), databile al secondo decennio del XIV secolo.[27] La stessa scena compare anche nei testimoni di altre *branches* fran-

26. Cfr. Lomazzi, *Rainaldo e Lesengrino,* pp. 32-37; Francesca Zanolin, *'Rainaldo e Lesengrino': Forschungsstand und Forschungsaufgabe italienischer Tierdichtung*, in «Jahrbuch der Oswald von Wolkenstein Gesellschaft», 12 (2000), pp. 151-162.

27. Il *Roman de Renart* del ms. fr. 1580 è corredato da numerose vignette realizzate dal miniatore parigino noto come Maestro di Thomas de Maubeuge, che decora anche un altro *Roman de Renart* più tardo, datato 1339, il Douce 360 della Bodleian Library di Oxford. Cfr. Kenneth Varty, *Les dessins marginaux du manuscrit Douce 360 (*Le Roman de Renart*) de la Bibliothèque Bodléienne,* in «Textimage», 1 (2007), https://www.revue-textimage.com/01_en_marge/varty1.htm. Per il Maestro di Thomas de Maubeuge si rimanda a Richard H. Rouse, Mary A. Rouse, *Manuscripts and Their Makers. Commercial Book Producers in Medieval Paris 1200-1500*, 2 voll., London, Miller, 2000, vol. I, pp. 173-202. In generale, per l'illustrazione dei manoscritti del *Roman de Renart* si rinvia a John Flinn, *L'iconographie du* Roman de Renart, in *Aspects of the Medieval Animal Epic.*

cesi, quali i codici fr. 1581[28] (f. 1r) e fr. 372 (f. 3r) del *Roman Renart le Nouvel*, oggi alla Bibliothèque nationale de France di Parigi. Ma lo stesso tema figurativo con la scena del giudizio della volpe al cospetto del leone viene tradotto con schemi iconografici differenti nelle due tradizioni illustrative: nel caso del *Roman de Renart*, il leone infatti viene raffigurato con la corona e lo scettro gigliato mentre è seduto con le zampe inferiori accavallate, a imitazione della posa di un essere umano, su un plinto lapideo (ms. fr. 1579) o su un seggio ligneo (ms. fr. 1580).

L'utilizzo di schemi iconografici diversi per illustrare la stessa scena nella vignetta, nel caso specifico la corte del re Leone, permetterebbe, alla luce delle testimonianze illustrate pervenute, di ipotizzare che questo disegno del codice udinese di Rainaldo e Lesegrino rievochi solo lontanamente la tradizione figurativa francese e che sia frutto della fantasia di chi realizza l'apparato illustrativo. Anche nell'ultima parte del volgarizzamento udinese Rainaldo è raffigurato nell'atto di nascondersi nella cima dell'albero mentre i due contadini lo indicano da terra (f. 63r): questa iconografia della volpe, orizzontale ed elevata rispetto agli altri personaggi, si riscontra anche in altre miniature del *Roman de Renart*,[29] a esempio nel ms. fr. 12584 della Bibliothèque nationale de France di Parigi (f. 19r) riccamente illustrato da miniature intercalate nel testo.

Nel manoscritto volgarizzato di Udine emerge chiaramente l'intento morale e allegorico del racconto di Rainaldo e Lesengrino, soprattutto tramite le vignette che giocano un ruolo didascalico.

Gli animali protagonisti vengono in parte "umanizzati", attribuendo loro caratteri, qualità positive e negative ben precisi che poi determinano le loro azioni. Tale aspetto, tuttavia, non si riflette totalmente nella raffigurazione dei protagonisti della favola che mantengono le loro sembianze animali, a differenza di alcuni manoscritti francesi dove i personaggi miniati indossano vesti e armature tipiche degli uomini, pur mantenendo le fisionomie dei volti bestiali, come nel ms. fr. 1581 della Bibliothèque nationale de France di Parigi.[30]

Il contesto in cui si svolgono le vicende rievoca quello di un ambiente gerarchico tipico della società feudale in cui sono protagonisti il re e i suoi vassalli, raffigurati da animali che assumono un valore simbolico.[31] Il nobile Leone, re di tutti gli animali e giudice della vicenda di Rainaldo, è la rappresentazione simbolica di Cristo secondo la tradizione medievale attestata nei *Bestiari*;[32] la volpe

Proceedings of the International Conference (Louvain, May 15-17, 1972), edited by Edouard Rombauts and Andries Welkenhuysen, Leuven-Den Haag, Leuven University Press-Nijhoff, 1975, pp. 257-264; Marie-Hélène Tesnière, *Bestiaire médiéval. Enluminures,* Paris, Bibliothèque nationale de France, 2005, pp. 131-135; Aurélie Barre, Olivier Leplatre, *Renart en couleurs*, in *Du temps que les bestes parloient. Mélanges offerts au professeur Roger Bellon*, sous la direction de Valérie Méot-Bourquin et Aurélie Barre, Paris, Classiques Garnier, 2018, pp. 201-216.

28. Patricia May Gathercole, *Illustrations of the 'Roman de Renart', Manuscripts BN fr. 1581 and BN fr. 12584*, in «Gesta» 10/1 (1971), pp. 39-44.

29. Aurélie Barre, *L'image du texte. L'enluminure au seuil du manuscrit O*, in «Reinardus», 15 (2002), pp. 17-31.

30. Massimo Bonafin, *Appunti sugli animali nel* Roman de Renart, in «L'immagine riflessa», n.s., 7 (1998), pp. 237-257; Benedetti, *'Rainaldo e Lesengrino'*, pp. 8-9.

31. Benedetti, *'Rainaldo e Lesengrino'*, pp. 10-12.

32. Per i bestiari medievali cfr. Debra Hassig, *Medieval Bestiaries. Text, Image, Ideology*, Cambridge, Cambridge University Press, 1995 (in particolare pp. 62-71 per la simbologia della

Rainardo incarna l'astuzia unita all'inganno, legata alla manipolazione della realtà attraverso l'arte della parola, in grado quindi di ribaltare a suo favore la situazione in cui si trova[33] e i galli che muovono le accuse alla volpe al cospetto del Leone alludono al clero.

Per comprendere il messaggio del racconto della volpe e del lupo sono particolarmente significative le ultime tre vignette del manoscritto udinese.

La volpe Rainaldo viene condannata a lavorare dal re Leone come punizione per i suoi misfatti, a seguito della denuncia del lupo Lesengrino che lo aveva accusato di avere violentato sua moglie. Rainaldo rifiuta la sua condizione di lavoratore e cerca di sfuggirvi con l'astuzia. Dopo una serie di peripezie con la capra e il lupo, Rainaldo eviterà l'incontro con i mastini nascondendosi sulla cima di un albero, dove viene avvistato dai contadini (f. 63r) (Fig. 3).[34] La volpe così rappresentata in posizione superiore rispetto agli altri personaggi crea un ribaltamento in senso negativo dell'assetto verticale che connota la società medievale dominata dalla Chiesa. Viene ripristinato l'ordine originario nella raffigurazione della scena di omaggio in cui la capra dona il raccolto al re Leone (f. 64r): il dono volontario e il rapporto tra donatore e beneficiario sancisce gli obblighi reciproci, quello di giustizia del re Leone verso i suoi sudditi e quello della gratitudine da parte del suddito lavoratore, rappresentato dalla capra. Questa vignetta, inoltre, cela un messaggio preciso rivolto al lettore del testo, ossia quello di sottolineare l'importanza e l'obbligo di offrire regalie e decime alle autorità medievali civili e religiose. Nell'ultima scena (f. 64v) è rappresentata la solitudine del protagonista Rainaldo che per l'arroganza e il suo essere asociale e privo di vincoli viene isolato e considerato un personaggio sospetto e “criminale”, in contrapposizione alla capra che invece è elevata a modello del cittadino ideale che rispetta la gerarchia sociale e feudale. In sostanza, nell'ultima carta viene sottointesa una doppia condanna per i protagonisti: la volpe Rainaldo, prima ingannatore e poi ingannato, diventa un esempio negativo di individualismo; il lupo Lesengrino invece gioca il ruolo del perdente poiché prima perde il processo e poi perde pure la vita, non avendo saputo trarre lezione dalle vicende che gli sono accadute.[35]

volpe, notoriamente un animale fraudolento e astuto); *Bestiari medievali*, a cura di Luigina Morini, Torino, Einaudi, 1996; Tesnière, *Bestiaire médiéval. Enluminures* e *Bestiari tardoantichi e medievali. I testi fondamentali della zoologia sacra,* a cura di Francesco Zambon, Milano, Bompiani, 2018. Cfr. anche *Animals and the Symbolic in Mediaeval Art and Literature*, edited by Luuk A. J. R. Houwen, Groningen, Egbert Forsten, 1997 e Francesco Zambon, *L'alfabeto simbolico degli animali. I bestiari del Medioevo*, Milano, Luni, 2001 sull'importanza dello studio del simbolismo degli animali per comprendere meglio la cultura medievale.

33. Sulla figura del “trickster” e le varie tipologie di imbroglioni riscontrabili nel campo letterario si rimanda ad Anna Lomazzi, *L'eroe come* trickster *nel* Roman de Renart, in *Studi di filologia romanza e italiana offerti a Gianfranco Folena dagli allievi padovani*, Modena, Mucchi, 1980, pp. 55-65; Massimo Bonafin, *Tricksters medievali, archetipi culturali e applicazioni letterarie*, in *Il personaggio in letteratura*, a cura di Maria Teresa Chialant, Napoli, Edizioni Scientifiche Italiane, 2004, pp. 113-122.

34. Si rimanda alla lettura e all'interpretazione del racconto in Benedetti, *'Rainaldo e Lesengrino'*, pp. 10-12.

35. Benedetti, *'Rainaldo e Lesengrino'*, p. 12.

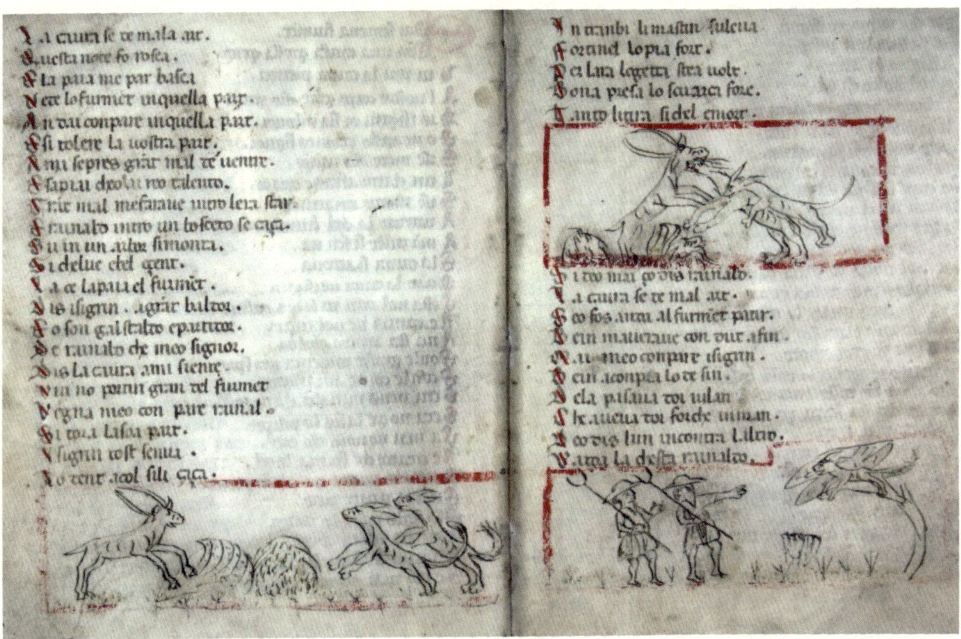

Fig. 3. Udine, Biblioteca Arcivescovile, 26, ff. 62v-63r.

La funzione morale e didattica del racconto di Rainaldo e Lesengrino risulta particolarmente evidente nel manoscritto di Udine, che oggi si presenta come un insieme di testi di diversa provenienza, ma in origine doveva essere un codice miscellaneo composto dal poemetto veronese sulla *Passione di Cristo* seguito da un'orazione latina; dal *De Ierusalem celesti et de Babilonia civitate infernali* di Giacomino da Verona ed infine dal *Rainaldo e Lesengrino*. L'elemento di unione tra testi sacri e racconto profano è l'illustrazione a piena pagina del f. 50r con il Cristo Pantocratore, San Giovanni, la Vergine e la figura inginocchiata del committente o del copista; nel riquadro sottostante invece sono raffigurati i diavoli che torturano i dannati all'interno del calderone in fiamme. Questa miniatura ha una duplice funzione: da una parte conclude l'opera di Giacomino da Verona e dall'altra introduce al racconto di Rainaldo e Lesengrino con intento moralistico. Sostanzialmente, in questo codice, il testo sacro e la favola profana convivono con lo stesso intento morale ed educativo, reso pure "visibile" al lettore tramite le numerose vignette che accompagnano e visualizzano la lettura delle opere.

Purtroppo, non è nota l'identità del committente, che forse è raffigurato inginocchiato al cospetto di Dio nel f. 50r. Tuttavia, la tipologia di manoscritto – caratterizzato da illustrazioni corsive e non lussuose, prive di dorature, di facile esecuzione e pertanto economiche da realizzare – permetterebbe di ipotizzare che il proprietario del codice provenga da quella nuova cerchia di pubblico differenziato, composta sia da religiosi che da mercanti, che si andava affermando nell'Italia dei comuni. Questa fascia sociale aveva la possibilità di accedere e di appassionarsi ai racconti popolari e favolistici attraverso la traduzione in volgare delle opere originali che per questa ragione diventano quindi più accessibili.

Le dimensioni ridotte del codice favoriscono il suo uso per la consultazione e la lettura privata, come dimostrano le numerose tracce di usura sui bordi delle carte e le immagini a tratti rovinate, incentivando l'aspetto della riflessione sul contenuto religioso e morale di questa raccolta miscellanea.

Appendice

FOGLIO	SCENA	DESCRIZIONE	TESTO TRADOTTO*	VERSI
f. 51v	1. La condanna a morte della volpe Rainaldo	Al centro: il gallo (Cantachiaro) denuncia i misfatti della volpe Rainaldo. A sinistra: il re leone, seduto su una montagna, ordina la condanna a morte di Rainaldo che viene scritta dalla scimmia, scrivano di corte, e promulgata dal banditore Busnardo	*Sta perciò il leone su una gran montagna con molte bestie in sua compagnia; era affiancato da quanti consiglieri gli servivano, e da messi e da scrivani. Regolava le liti giudizia-rie e amministrava la giustizia da re e gran signore. Tutte le bestie si riunirono in assemblea e tutte insieme si lagnarono molto di Rainaldo e delle sue offese. Il gallo (Cantachiaro) dell'ordine sacro del regno inizia così a lamentarsi* [...] *– Per Dio! - dice il leone - è un grave crimine ammazzare i preti: son tenuto a fare giustizia. Ora andate banditore Busnardo, e dichiaratelo in bando sotto pena di morte! E voi, scimmia, scrivano istruito, scrivetemi l'ordi-nanza* [...]	43-56; 77-84
f. 52v	2. Il re leone e il tasso Gilberto	A sinistra: il tasso Gilberto a colloquio con il re leone per difendere Rainaldo A destra: Gilberto si avvia verso la tana di Rainaldo sulla monta-gna	*Allora si è fatto avanti il tasso Gilberto, che è amico di Rainaldo; venne davanti al leone e così espose con saggezza dinanzi al leone la sua opinione* [...] *Gilberto se ne va dritto al castello di Rainaldo, senza volgersi indietro. Rainaldo abitava su una montagna; non deve preoccuparsi di altre bestie. Ben quindici porte ha per entrare e ben quaranta da dove può scappare* [...]	91-95; 126-131
f. 54r	3. Gilberto e Rainaldo	Due galli assistono alla scena di Gilberto e Rainaldo che si dirigono verso la corte sul dorso delle mule	*Partono entrambi e così se ne vanno. La mula di Gilberto trotta bene, mentre quella di Rainaldo è zoppa; la mula di Gilberto va di buon passo, mentre quella di Rainaldo batte la fiacca* [...]	187-191

*Traduzione da Benedetti, '*Rainaldo e Lesengrino*', pp. 27-47.

FOGLIO	SCENA	DESCRIZIONE	TESTO TRADOTTO	VERSI
f. 54v	4. il processo (I)	Al cospetto del re leone e dell'accusatore Isengrino, Gilberto difende Rainaldo, quest'ultimo ritratto in via di fuga	*– Compare Gilberto - dice Rainaldo - mi hai condotto in un postaccio; già te l'ho detto: la sollevazione popolare mi vorrà morto, così manco potrei difendermi davanti al leone. Ora siamo presso la corte, ho una gran paura di dover morire: siamo alla corte del leone, che è imperatore e gran barone.* *Presentatisi tutte e due, il tasso prese a parlare* [...]	200-211
f. 55r	5. il processo (II)	Rainaldo, Isengrino, Gilberto e la vittima Isengrina di fronte al re leone	*Isengrino, che non ama Rainaldo, dinanzi al leone presenta reclamo: – Nobile leone, per grazia di Dio, di Rainaldo dammi soddisfazione, ché m'ha svergognato mia moglie Isengrina, che sta qui al mio fianco: l'incontrò nei pressi di una tana e la violentò suo malgrado* [...]	229-236
f. 58v	6. Rainaldo e la capra (I)	Incontro e colloquio tra Rainaldo (a sinistra) e la capra (a destra)	*Rainaldo entrò in un campo cintato, vi trovò una capra* [...]	389-390
f. 59r	7. Rainaldo e la capra (II)	Rainaldo segue la capra diretta verso la stalla del contadino	*La capra va verso il villaggio e porta Rainaldo con sé* [...]	441-442
f. 62v	8. Rainaldo, Isengrino e la capra	La capra (a sinistra) e Rainaldo affiancato da Isengrino (a destra) separati dai covoni di fieno che nascondono i mastini	*Si mettono subito ad andare là dove c'è il frumento; subito se ne vanno e hanno trovato la capra* [...] *Rainaldo: a un angolo della strada la paglia gli pareva aumentata di volume...*	598-601; 614-616
f. 63r	9. Morte di Isengrino	La capra viene azzannata al collo da Isengrino che a sua volta viene attaccato dal mastino Fortinello. Sotto il covone si intravede la testa di Bonapresa, il secondo mastino	*Con rapida mossa Isengrino le cacciò i denti al collo. Saltano fuori entrambi i mastini: Fortinello lo pigliò con forza* [...]	638-641

FOGLIO	SCENA	DESCRIZIONE	TESTO TRADOTTO	VERSI
f. 63r	10. I contadini e Rainaldo	I due contadini indicano Rainaldo che trova rifugio sulla cima di un albero	*Passavano di là due contadini con due forconi in mano.* *– Dio! - dice l'uno all'altro - guarda là Rainaldo* [...] *Così non lo trovarono in nessun posto. Rainaldo se ne sta aggrappato a un ramo, tiene ritta su la coda verso la montagna* [...]	651-654; 667-669
f. 64r	11. Scena di omaggio	La capra consegna al re leone il frumento	*Piaccia o dispiaccia, la capra ha il frumento e la paglia, più la semenza pertinente al suo signore, da portare tutta davanti al leone* [...]	683-686
f. 64v	12. Rainaldo nel bosco	Rainaldo da solo vaga tra gli alberi del bosco	*Rainaldo invece si ficca in un bosco, se ne va sempre più svelto e giura a Dio creatore di non lavorare più: meglio essere furfante, come lo furono i suoi antenati.*	687-693

Diego Dotto, Zeno Verlato

Caratteri di lingua e di stile della tradizione del *Rainaldo e Lesengrino**

1. *Una tradizione brumosa*

Nella scheda identificativa del poemetto su *Rainaldo e Lesengrino* sono più le caselle vuote di quelle piene, e i dati di queste sono più spesso ipotetici che certi. Nella penuria o assenza di informazioni dirette e univoche su autore, luogo, ragioni e intenzioni dell'opera, allo studio della lingua e dello stile ci si dovrà rivolgere quindi con l'intento e con l'auspicio di cavarne elementi per la ricostruzione e l'interpretazione della storia del testo.

Ripercorriamo intanto lo *status quaestionis*, tra punti fissi e problemi aperti. Composto in Veneto nel Duecento, il *Rainaldo* è attestato per la prima volta a Bologna, dove il notaio *Laurentius quondam Albertini de Plastellis* si compiace di copiarne i primi dieci versi in un memoriale da lui redatto (M).[1] Alcuni decenni più tardi, probabilmente oltre la metà del secolo, conferma l'allignamento emiliano del testo la copia ferrarese del ms. O. La fortuna veneta del testo rimane così affidata al solo testimone U, collocabile nella Marca Trevigiana, dov'è copiato entro la metà, se non nei primi decenni, del XIV secolo. Data la natura occasionale e la brevità dell'attestazione di M, risulta difficile stabilire se O sia da assegnare alla medesima tornata di trasmissione o a una successiva e indipendente: sta di fatto che le copie rimandano a una medesima redazione del testo, sebbene segnata da disparità della lezione. Profondamente diversa appare a sua volta quella di U, sotto ogni punto di vista: linguistico, di dettato ma anche di struttura, tanto che si può ben parlare, per le due redazioni complete di O e di U, di «rimaneggiamenti fortemente individuati di uno stesso testo fondamentale».[2]

La divaricazione tra le due versioni raggiunge effetti tali da non permettere se non per isolate plaghe, e sempre in modo virtuale, una ricostruzione dell'*Urtext*, che possiamo ormai considerare fatalmente irraggiungibile.[3] Di esso si può

* Il contributo è frutto della stretta collaborazione tra gli autori. A Zeno Verlato si deve l'elaborazione dei §§ 1-2, a Diego Dotto del § 3.

1. Bologna, Archivio di Stato, Mem. 106 (1303, sem. I), f. 267v (cfr. *Rime due e trecentesche tratte dall'Archivio di Stato di Bologna*, edizione critica a cura di Sandro Orlando, con la consulenza archivistica di Giorgio Marcon, Bologna, Commissione per i testi di lingua, 2005, pp. 91-92).

2. *Poeti del Duecento*, a cura di Gianfranco Contini, 2 voll., Milano-Napoli, Ricciardi, 1960, vol. I, p. 812.

3. Del tutto opportuna risulta perciò la scelta di Anna Lomazzi, *Rainaldo e Lesengrino*, prefazione di Gianfranco Folena, Firenze, Olschki, 1972 di pubblicare l'intero plesso di testi in forma sinottica.

Caccia alla volpe. Studi sul Rainaldo e Lesengrino, a cura di G. Borriero, N. Giovè Marchioli.
ISBN 978-88-3313-979-1

postulare la dipendenza da un modello francese, la cui fisionomia tuttavia resta malcerta. Un dato di fatto è che la materia complessiva del poemetto mostra un rapporto diretto con la tradizione renardiana d'Oltralpe ampiamente intesa,[4] almeno nella tenuta della strutturazione della narrazione in *branches* collegate fra loro da una cerniera narrativa. Da un punto di vista linguistico, d'altronde, appaiono come residui del possibile rapporto con un testo francese alcune spie di ordine fonomorfologico, presenti soprattutto in O, come la desinenza in *-er* degli infiniti dei verbi della prima classe (perlopiù esibita in rima), e la pur sparuta attestazione dell'articolo determinativo maschile singolare *li* e *le* rispettivamente in O e in U (*li tason*, v. 61, *le tason*, v. 120);[5] ma soprattutto la presenza cospicua, tanto in O che in U, di gallicismi lessicali (cfr. § 3).

Su uno stesso fondo brumoso rimane di conseguenza anche l'ambiente di produzione del poemetto, sebbene – con riguardo alla materia, ma anche ad aspetti stilistici (come la frequenza dell'andamento formulare) e formali (la possibile variabilità originaria delle misure dei versi) – si sia postulato un ambiente di tipo giullaresco, al quale rimanderebbero, non per riflesso ma per diretta appartenenza, anche le versioni giunte sino a noi, ciò che ha indotto a parlare tanto per O quanto per U di manoscritti probabilmente «destinati a servire per la recitazione».[6] Quanto a O, Contini lo giudicava un codice «insieme sciamannato e arbitrario»[7] nella lezione, colpito da uno «scadimento» formale spiegabile come un «involgarimento tecnico [...] di natura giullaresca»;[8] mentre la lezione tutto sommato più regolare metricamente e spesso migliore nel dettato di U ha fatto supporre a Lomazzi un intervento di restauro del testo operato da un giullare più provveduto tecnicamente.[9]

1.1. *Indizi macrotestuali di trasmissione "clericale"*

Per quanto certamente plausibile, l'ipotesi giullaresca, tanto con riguardo al testo originario quanto alla sua successiva tradizione, risulta difficilmente accertabile, a causa, in generale, della scarsità ed evanescenza dei dati storici relativi a quel mondo, ai suoi uomini, ai suoi testi; e, nel particolare, dell'assenza per il *Rainaldo* di prove circostanziali certe ricavabili dal testimoniale in nostro possesso. Senza negare quindi in assoluto l'aderenza del testo a filoni di tradizione giullaresca, pare tuttavia emergere dall'esame comparativo delle testimonianze di O e U (M, per la sua particolarità, dovrà restare per ora tra le quinte), come il testo ci sia pervenuto allineato a una tradizione di testi settentrionale e veneta, quale quella dei poemetti didascalici e devozionali, la cui matrice è da rinvenire piutto-

4. Lomazzi, *Rainaldo e Lesengrino*, pp. 21-37. Resta tuttavia fuori portata stabilire se nel poemetto italiano si debba vedere un rifacimento autonomo, come ipotizzato ivi, p. 27, dove, almeno per la prima parte, si parla di un rimaneggiamento «secondo un sistema assai simile a quello dell'*excerptum* in uso nell'antichità latina e nel Medioevo»; o, viceversa (come a noi pare più probabile) il volgarizzamento di un modello francese già dilungatosi per proprie vie dalla tradizione del *roman*.

5. Ivi, pp. 85 e 114.

6. Ivi, p. 78.

7. *Poeti del Duecento*, vol. II, p. 843.

8. Ivi, vol. I, p. 814.

9. Lomazzi, *Rainaldo e Lesengrino*, p. 147.

sto negli ambienti *lato sensu* clericali, dediti alla divulgazione religiosa, che non in quelli della giullaria. Tanto che non pare azzardato ritenere che la stessa propagazione libraria del *Rainaldo* dipenda dal suo abbinamento, realizzato in entrambi i codici, almeno con un testo, e tra i più prestigiosi, di quella letteratura edificante. Stiamo parlando ovviamente del testo dei poemetti escatologici di Giacomino da Verona, contigui al *Rainaldo* tanto in O che in U, di cui non sarà fuori luogo ricordare come l'autore stesso ne definisse la natura e lo scopo per contrasto con le «fable» e i «diti de buffoni».[10] L'avvicinamento del *Rainaldo*, coi suoi caratteri puramente narrativi e la sua materia francamente amorale, a un canone di altra genesi e di altra intenzione non può che provocare qualche sorpresa. Tutto ciò che si può dire, sulla base dei fatti, è che esso sembra prodursi in O nei termini di una giustapposizione materiale, interpretabile quindi in senso critico al più come un allineamento; mentre in U appare come un aggancio a tutta presa, operato attraverso la modifica del testo, e in particolare con l'aggiunta di paratesti volti a indirizzare il poemetto a finalità didascaliche e morali, non senza mostrare, nelle parti di nuova redazione, una qualche familiarità con formulari e argomentazioni proprie dei poemetti edificanti. Nello stesso codice, d'altronde, la copia del *Rainaldo* sembra ben integrarsi con un progetto più ampio, vale a dire la realizzazione di un piccolo *corpus* di testi narrativo-edificanti, comprendente anche Giacomino (presente col dittico completo dei suoi testi), e un poemetto sulla *Passione e Resurrezione*. Un progetto i cui caratteri unitari sono assicurati dall'attività delle stesse mani, impegnate nella trascrizione e nella decorazione del testo.[11] E che potrebbe fondarsi sulla possibilità del copista-*editor* di U di accedere a un serbatoio di testi,[12] nel quale doveva avere trovato accoglienza anche il *Rainaldo*, e la cui realtà è mostrata dalla presenza tanto di Giacomino che della *Passione* (ma in altra e peggiore versione),[13] in un codice più antico di sicura prossimità ad ambienti religiosi francescani, come il ms. di Venezia, Biblioteca Nazionale Marciana It. Z. 13 (= 4744), prodotto a Verona nei primi anni del Trecento, fondamentale per la nostra conoscenza dei testi e delle modalità di circolazione della lette-

10. La dichiarazione di Giacomino è tanto più impegnativa, in quanto seguita immediatamente dalla sua firma, e dalla precisazione della propria appartenenza all'ordine francescano: «Mai açò ke vui n'abiai li vostri cor seguri, / ke queste non è fable né diti de buffoni, / Iacomino da Verona de l'Orden de' Minori / lo compilà de testo, de glose e de sermoni» (*Poeti del Duecento*, vol. I, p. 651, vv. 333-336).

11. Come è stato accertato dalla nuova, dettagliata descrizione del codice effettuata da Nicoletta Giovè Marchioli e Laura Pani, e delle sue illustrazioni da Giulia Simeoni, nei rispettivi contributi presenti in questo stesso volume.

12. L'esistenza di un piccolo canone di poemetti settentrionali in volgare, disponibile a successive e diverse selezioni, ancora entro la fine del XIV sec., sembrerebbe provato anche dalla comunanza di testi fra lo stesso Marciano e il codice di Sevilla, Biblioteca Capitular y Colombina, 7-1-52, di provenienza veneziana (cfr. Zeno Verlato, *Vicende di uomini e di libri. Due note tipologiche per la storia del libro agiografico volgare*, in *Santi, santità e agiografie nell'Italia settentrionale, percorsi letterari e storico-artistici tra Medioevo e età moderna*, a cura di Simone Albonico e Nicolas Bock, Pisa, Ets, 2017, pp. 93-122, alle pp. 109-112).

13. Cfr. Franco Riva, *Su due redazioni di un poemetto della Passione e Risurrezione del sec. XIV*, in «Atti e memorie della Accademia di Agricoltura, Scienze e Lettere di Verona», s. VI, 8 (1958), pp. 167-213.

ratura devozionale in versi del settentrione d'Italia.[14] Non sarà fuori luogo osservare come U mostri somiglianze con il Marciano anche per alcuni aspetti tipologici. Visto in sincronia, U, miscellaneo messo insieme probabilmente *ab antiquo*,[15] non sembra discostarsi troppo dalla fisionomia del codice veneziano e di altri codici settentrionali composti in ambienti latamente clericali per scopi di divulgazione devozionale, considerando come ne condivida più di un carattere qualificante la sintassi dei materiali del libro, come la diversità tematica dei testi (nel caso di U: testi paraliturgici e testi edificanti, tra i quali andrà annoverato anche il *Rainaldo* "moralizzato"); il pluralismo linguistico (testi in latino e in volgare, in sezioni separate); la difformità retorico-stilistica (compresenza di testi in prosa e in versi).[16] D'altronde, anche la qualità di lezione dei testi (tanto più evidente nel confronto con O) non sembra contrastare con una possibile prossimità del copista-*editor* di U ad ambienti di cultura clericale.

1.2. *Dinamismi della tradizione: la linea emiliana*

Ad ambiente più sprovveduto, privo delle istanze programmatiche almeno ipotizzabili per U, rimanda la testimonianza di O, il quale pure ci lascia preziosamente appurare, ancora ad alcuni decenni di distanza, la persistenza della trasmissione comune del *Rainaldo* e di Giacomino. Purtroppo il codice non beneficia di una descrizione accurata, e non è quindi possibile affermare alcunché di sicuro circa il suo processo costitutivo. Proviamo comunque a fissare almeno qualche dato di fatto, sull'esame della riproduzione integrale in microfilm, e su precedenti descrizioni, per quanto sommarie.[17]

Il codice si presenta come un cartaceo di medie dimensioni (220 × 158 mm), di sole 24 carte, per buona parte occupate proprio dalla copia consecutiva, apparentemente della stessa mano, del *De Ierusalem* di Giacomino (ff. 1r-5v) e del *Rainaldo* (ff. 6r-19r). I testi sembrano costituire una sezione compatta, seguita da due carte in bianco (19v e 20r), la quale è per così dire sigillata, sul *verso* del f. 20, dall'illustrazione a tutta pagina di un'aquila accompagnata dalla dicitura latina, di ritmo endecasillabico: «Ferariam cordi teneas beate Georgi», in cui è da riconoscere il blasone antico della famiglia d'Este dominante nella città emiliana.[18] Lo stile assieme pretenzioso e ingenuo dell'illustrazione non pare molto lontano da quello di tre figurine di architetture disegnate, senza coerenza col contesto, sul margine del *Rainaldo* (ff. 7v, 8r, 11v). È chiaro che se

14. Cfr. Verlato, *Vicende di uomini e di libri*, pp. 107-109.

15. Cfr. il detto contributo di Giovè Marchioli e Pani in questo volume.

16. Cfr. l'analisi comparativa di tali caratteri tipologici proposta in Verlato, *Vicende di uomini e di libri*, pp. 105-119.

17. In particolare Lomazzi, *Rainaldo e Lesengrino*, p. 77, che aggiunge qualche dettaglio alla descrizione di Alessandro Mortara, *Catalogo dei manoscritti italiani che sotto la denominazione di Codici Canoniciani Italici si conservano nella Biblioteca Bodleiana di Oxford*, Oxonii, e Typographeo Clarendoniano, 1864, coll. 54-55.

18. L'umanista Mario Equicola (1470-1525), nella sua *Genealogia de li signori da Este principi di Ferrara*, descrive lo stemma come «una aquila biancha cum le ale estese in campo azuro, al contrario de la imperiale negra in campo d'oro» (cfr. Angelo Spaggiari, Giuseppe Trenti, *Gli stemmi estensi e austro-estensi: profilo storico*, Modena, Aedes Muratoriana, 1985, p. 24).

venisse provata l'identità della mano responsabile di tutte le illustrazioni, ne uscirebbe un ulteriore indizio a favore dell'unitarietà e della compattezza della sezione compresa nelle prime venti carte del codice.

Tale compattezza infatti sembra venire meno nelle quattro carte residue, dove, tra abbandoni e ripensamenti, una mano (che, se non è la stessa, appare non molto difforme per epoca e per ambiente dalla precedente), copia uno stralcio iniziale di 38 versi di un'anticaglia moralistica come lo *Splanamento de li Proverbi de Salomone* (f. 21r-v);[19] quindi poche parole subito depennate;[20] e infine un serventese caudato di interesse storico locale, concernente fatti bellici «intra 'l buon marchexe / quello da Ferara» (vv. 5-6) e il legato pontificio nella città di Bologna (ff. 21v-22r),[21] la cui passione municipale collima con quella che muove il disegno dell'aquila. Dopo un'ulteriore carta bianca (22v), segue infine un curioso testo in versi, di lezione piuttosto corrotta, copiato sembrerebbe da altra mano, sulle *Proprietà delle terre e delle città* d'Italia e d'Europa (ff. 23r-24r).[22] Il codice è chiuso da una carta bianca.

Se è possibile dire che O testimoni, nella sua prima sezione, canonizzazioni letterarie stabilite decenni addietro, andrà sottolineato che lo fa certamente in condizioni molto mutate. La letteratura settentrionale dei poemetti, infatti, pur sopravvivendo nei codici ancora nella seconda metà del XIV secolo, e talvolta anche oltre (raggiungendo, in determinati ambienti, il XVI secolo), è una letteratura che ha perduto in buona parte il suo prestigio, non solo per l'affermarsi di nuove mode e di nuovi interessi letterari, ma anche per il mutare delle condizioni storico-culturali in cui quella produzione si era affermata. È quanto meno suggestivo pensare come la trasmissione del *Rainaldo* segua, per sue vie indipendenti e del tutto scollegate, gli stessi percorsi che, fatti in senso inverso, andavano portando in Veneto, spesso attraverso la stessa Bologna dove operava il notaio *Laurentius de Plastellis*, la conoscenza dell'alta lirica toscana. *Habent sua fata libelli*, e ciò vale anche per i poemetti settentrionali, la cui protratta persistenza nei codici paga lo scotto di un progressivo deperimento, per via di progressivi adattamenti linguistici e del testo al mutare dei tempi, dei luoghi e

19. La copia, arrivata in corrispondenza del v. 42, registra ancora il v. 43, ma lo depenna. Impossibile stabilire le cause dell'abbandono, se per cambio di progetto o per difficoltà offerte dal modello.

20. Il segmento legge: ‹E ua cātando · ono›, ed è preceduto da un un segno a occhiello identico a quello che contrassegna l'inizio del componimento seguente. Se si tratta di un *incipit*, sfugge per ora all'identificazione.

21. Non quindi il bolognese *Serventese dei Lambertazzi e Geremei*, come proposto da Lomazzi, *Rainaldo e Lesengrino*, p. 77. L'editore del testo ha ravvisato, nella materia oggetto del serventese, fatti bellici collocabili nel 1333, di cui fu attore Rinaldo II d'Este (cfr. Emilio Teza, *Serventese storico del secolo XIV*, in «Atti e memorie della Regia Deputazione di Storia Patria per le Provincie di Romagna», 4 [1866], pp. 169-174).

22. Inc.: «E' aço cercato tuto lo mo(n)do in torno. / Queste è le p(ro)prietà de le terre e de le cità»; expl.: «E molte altre citàe / Ch'e' ò cercà e provà / poca cosa e roba ò guadagnà». Oltre a una cinquantina di città grandi e piccole del nord e del centro della penisola italiana, sono citati alcuni territori e regni d'Europa (*França*, *Picardia*, *Alemagna*, *Catalogna*, *Spagna*, *Ingelterra*, *Sclavania*, *Istria*), e la città di Avignone. Salvo errore, il testo è ancora inedito.

degli ambienti di ricezione. Adattamenti che avvengono con particolare indifferenza verso i valori metrico-formali, i quali possono trovarsi, a un dato momento del processo, gravemente infranti se non del tutto dispersi.[23]

È questa la situazione che offrono tanto il *Rainaldo* che Giacomino nella copia di O. Per il secondo, la disponibilità di un affidabile *terminus comparationis*, dato dalla redazione del ms. Marciano, permette di assegnare alcuni caratteri innovativi del testo a fenomeni adattativi, avvenuti durante il processo di lettura-scrittura. Basteranno un paio di esempi, scelti a colpo d'occhio. Nel primo, il Marciano legge:[24]

Contrarïa de quella ke per nomo se clama,
cità de gran pressura, Babilonia la magna.

In O si osserva una probabile difficoltà di fronte alla forma tipicamente veronese *nomo* per "nome", che, fraintesa, viene copiata nella forma di un insensato *none*, che insieme all'inefficace riformulazione sintattica *per che* invece di *che per*, dà come risultato la seguente lezione (f. 1r):

Contraria de quela p(er) che none se clama
cità è de gra(n) p(re)ssura Babelonia la magna.

Fenomeno simile si propone anche nel secondo caso, dove è ancora il mancato riscontro della cosiddetta "*-o* veronese di reintegro" a determinare uno scostamento, banale nelle cause ma non nei risultati, in particolare con riguardo al rispetto della rima, come mostra il raffronto tra il testo del Marciano:[25]

K'eo spero en quel ke naco de casto e de vergen parto
ke l'om ke semplament la entendo en bona parto;

e il corrispondente di O (f. 1r):

Ch'eo spero in quel che naque castro [*sic*] verçen part
ce [*sic*] l'omo che senplame(n)te l'à entende(r) en bona pa(r)te.

23. I caratteri dinamici della tradizione tarda dei poemetti settentrionali sono stati oggetto di studio da parte di Raymund Wilhelm, con *focus* particolare sulle vicende della tarda tradizione lombarda del poemetto su santa Margherita d'Antiochia (cfr. *Tradizioni testuali e tradizioni linguistiche nella* Margarita lombarda*. Edizione e analisi del testo trivulziano*, a cura di Raymund Wilhelm, Federica De Monte, Miriam Wittum, Heidelberg, Winter, 2011). Sui processi cui va incontro l'assetto metrico, cfr. Id., *Poemetti agiografici nello zibaldone di Giovanni de' Dazi. Trasformazioni degli istituti metrici in alcune leggende popolari*, in *L'agiografia volgare. Tradizione di testi, motivi e linguaggi*. Atti del congresso internazionale (Klagenfurt, 15-16 gennaio 2015), a cura di Elisa De Roberto e Raymund Wilhelm, Heidelberg, Winter, 2016, pp. 109-161. Per lo studio delle dinamiche del poemetto su santa Margherita, cfr. anche Zeno Verlato, *Note filologiche e linguistiche intorno alla più antica versione del poemetto su santa Margherita d'Antiochia ("Margarita lombarda")*, in «Medioevo letterario d'Italia», 8 (2011), pp. 69-108, alle pp. 87-103.

24. *Poeti del Duecento*, vol. I, p. 627, vv. 9-10.

25. Ivi, vol. I, p. 628, vv. 21-22.

Evidenti in questo secondo caso anche altri scadimenti della lezione, che saranno dovuti in parte a incomprensioni dell'ultimo copista, in parte al depositarsi progressivo, nella pluridecennale tradizione, di singole innovazioni. Molti dei caratteri caotici del dettato del *Rainaldo* in O, così come lo stato di deperimento in cui versa l'assetto metrico, saranno almeno in parte da attribuire a fenomeni consimili.

Il poemetto, nel suo giungere alle copie trecentesche, è possibile che mostrasse tuttavia uno stato già deformato nei suoi valori formali e nella lezione. Se infatti ci rivolgiamo al Memoriale bolognese, possiamo riscontrare come la tradizione del *Rainaldo*, sin dalla sua più alta attestazione, mostrasse caratteri già fortemente dinamici. Leggiamo i passi in cui M e O vanno in parallelo:

M, vv. 1-10
Ad una festa de la Sansiom,
che 'l monsignor sire Lion
gran corte tegnia di so bernaço
e tute bestie di so legnaço,
non è grande né menore
che tuti no vegna a so segnore,
ché 'l Lion vol corte tegnire,
raxon fare et pla' odire.
Le bestie eno de parte ben setecento
che de Raynaldo fano lamento.

O, vv. 1-10
D'una festa de la Sansion,
che monsignor sire Lion
vol gran cort tenir de so bernaço,
de bestie demestege e salvaçe,
non è grande né menor
che tote no vegna a lo segnor,
ché lo segnor vol corte tenir
e raxon fà e pla' oldir.
Le bestie ben le sete cento parte
tote se lomenta de Raynald.

Tralasciamo fenomeni macroscopici come lo scostamento di lezione ai vv. 3-4 e 9-10 (del secondo diremo qualcosa più oltre). Dal punto di vista linguistico, M sembra aver provveduto a una rassettatura di alcuni caratteri dialettali più propriamente veneti, in particolare col ripristino delle vocali finali, tanto nel corpo del verso (*corte* / *cort*, v. 3), quanto in rima (*menore* : *segnore* / *menor* : *segnor*, vv. 5-6; *tegnire* : *odire* / *tenir* : *oldir*, vv. 7-8). Adattamento alla lingua locale o innalzamento letterario potrebbe suggerire anche la preferenza per la forma *odire* (v. 8, contro *oldir*). Particolare rilievo ha per noi l'introduzione, al v. 9, della forma *eno* per la terza plurale del presente indicativo del verbo "essere", specifica in emiliano-romagnolo;[26] ma che è però del tutto estranea a O, il quale

26. Se ne trova attestazione già al v. 5 (*ènno*) della canzone *Quando eu stava in le tu' cathene* della carta ravennate (cfr. Vittorio Formentin, *Poesia italiana delle origini*, Roma, Carocci, 2007,

anzi mostra una spiccatissima tendenza all'uso, che rimanda con sicurezza al Veneto, della terza plurale non marcata, cui contravviene solo con una manciata di forme marcate (tutte possibilmente riconducibili, per il contesto, a estemporanei ritocchi del copista ferrarese).[27] La forma *eno* entra in un punto in cui M è sospettabile di aver operato una riscrittura, forse nell'intento di normalizzare la sintassi, se è da riconoscere in O il mantenimento di una «locuzione di tipo francese»;[28] e insieme di provvedere il distico, che nella sua copia riusciva finale, di una rima perfetta in luogo dell'assonanza presente in O. Un intervento che andrebbe quindi letto come miglioria, e che tuttavia avviene senza particolare attenzione all'assetto metrico del verso, che in M risulta di tredici sillabe, misura che eccede sensibilmente il *range* generale, pur mosso, del frammento.

1.3. *Dinamismi a confronto*

La disparità di lezione appena vista si risolverebbe quindi postulando in O, per quanto "sciamannato", un testimone capace di conservare tratti genuini risalenti sino al rapporto originario tra modello francese e redazione italiana. È questa d'altronde una caratteristica del testo già messa in luce da Lomazzi, sulla base di comparazioni puntuali con U, tali da permettere di definire il testo del ms. ferrarese come un «testo stilisticamente e contenutisticamente assai più vicino all'originale quale probabilmente derivava dal *Renart*».[29] Andrà d'altronde sottolineato come proprio in O facciano perlopiù capolino quei pochi francesismi morfologici di cui si è detto più sopra. Sembrerebbe di poter riconoscere in O una

p. 171); e, prima della metà del XIII secolo, nel bolognese Guido Faba (cfr. varî casi in Arrigo Castellani, *Parlamenti in volgare di Guido Fava (edizione provvisoria a uso interno dell'OVI)*, in «Bollettino dell'Opera del Vocabolario Italiano», 2 (1997), pp. 231-249). La forma appare più tardi anche in testi veneti, dove si introduce probabilmente per influsso letterario.

27. Basti il seguente esempio, ai vv. 729-730: «la cavra trase un gran crio: / da l'aguaito i mastini intrambi insìno», dove evidenti ragioni di rima e di metro facilitano un virtuale ripristino di una rima *crì* : *insì* (nessun conforto dà purtroppo U, che qui va per i propri passi). La maggioranza assoluta in O di forme non marcate per la terza persona plurale dei verbi ha importanza, in quanto si mostra come il più sicuro dei tratti che legano la copia ferrarese a un antecedente veneto, data la sostanziale genericità degli altri tratti con cui Lomazzi poneva un'ascendenza non solo veneta, ma padovana del testo. Così la presenza di avverbi in *-o* del tipo *inanço*, di cui accanto alla testimonianza dell'*Omelia padovana*, richiamata dalla studiosa, si può porre almeno quella dei bolognesi Guido Faba (Castellani, *Parlamenti*, p. 245), Matteo dei Libri (*Arringhe*, a cura di Eleonora Vincenti, Milano-Napoli, Ricciardi, 1974, p. 62), di un documento datato al 1305 (cfr. *Vita di San Petronio, con un'Appendice di testi inediti dei secoli XIII e XIV*, a cura di Maria Corti, Bologna, Commissione per i testi di lingua, 1962, p. 71), e del Lana (cfr. Iacomo della Lana, *Commento alla 'Commedia'*, a cura di Mirko Volpi, 4 voll., Roma, Salerno, 2009, vol. I, pp. 120, 258, 312). Così anche la forma *ol* per *lo* dell'articolo determinativo maschile (e del pronome dimostrativo), ulteriormente ridotto a *ô* (così nel *Rainaldo*, dove compare anche la prep. articolata *dô*), la cui diffusione nel Nord Italia è sovramunicipale e sovraregionale (cfr. Nello Bertoletti, *Testi veronesi dell'età scaligera*, Padova, Esedra, 2005, pp. 178-179 nota 443), e non ignora Ferrara, come riconosciuto peraltro anche da Lomazzi, *Rainaldo e Lesengrino*, p. 114 nota 1, con rimando ai *Testi volgari ferraresi del secondo Trecento*, a cura di Angelo Stella, in «Studi di filologia italiana», 26 (1968), p. 226 (cfr., nello stesso testo, anche le note linguistiche a riguardo, alle pp. 265-266).

28. Lomazzi, *Rainaldo e Lesengrino*, p. 22.

29. Ivi, pp. 146-147.

tendenza alla conservazione che, in una copia fatta oltre la metà del secolo XIV e di livello culturale mediocre, potrebbe essere vista come fatto inerziale. Allargando il discorso, e rimanendo a quell'espressione: «le bestie ben le sete cento parte», può essere utile notare come essa compaia in O, a modo di formula, altre due volte nel corso del poemetto, a pochi versi di distanza, una prima volta ai vv. 110-111, in un distico che ripropone alla lettera quello dei vv. 9-10; e quindi ai vv. 170-171, mutato il secondo verso, con cui si rapporta in un'assonanza imperfetta *part* : *olto*:[30]

le bestie ben le sete çento part
tute començà a crier a olto.

La genuinità dell'espressione, valutata sull'andamento francesizzante della sintassi, qui pare confermarsi per la presenza di quel *crier* per *criar*. Ebbene, in entrambi i casi la formula non reca traccia in U, o meglio reca propriamente solo una traccia, visibile a luce radente, tanto da lasciar pensare a un intervento editoriale deliberato. Consideriamo solo l'ultimo ritorno della formula, secondo i due passi paralleli:

O, vv. 108-114:
E' vegno da la corte del Lion,
ch'è inperero et è baron:
le bestie ben le sete cento parte
tute se lomenta de vu, Raynaldo:
un chantacler molvolenter,
e Lesengrin de soa moier

U, vv. 146-151
Eo vegno da la corte de lo Lion
che sé inperer e baron;
eo te digo novella tal,
che li çantacler orden segrà
dananti nostro re Lion
de ti à far lementason.

Il primo distico mostra i testi in una perfetta corrispondenza, che si rompe proprio nel punto in cui O intromette la formula. Per quanto il dettato in U cambi sensibilmente, pure lascia intravedere possibili contatti, in forma di resti, coi materiali di O. Non si dirà nel mantenimento dell'assonanza sulla medesima vocale tonica (*parte* : *Raynaldo* / *tal* : *segrà*), ma piuttosto, oltre che nel persistere della parola *çantacler*, nel rapporto tra il verbo *se lomenta* e la locuzione verbale *far lementason*. Nell'operare la riscrittura peraltro è possibile che U non si peritasse a sua volta di riecheggiare un distico copiato più indietro nel testo, ai vv. 55-56: «Li çantacler orden segrà / sì se començа a lementar», in un punto che a sua vol-

30. Evidentemente da correggere mentalmente con *alto*, forma anche attestata in O (vv. 627, 643, 786, 807), e più spesso di *olto* (vv. 101, 171, 279).

ta, per essere appena successivo al prologo, è sospettabile di essere di responsabilità diretta del redattore di U.[31] Che la riscrittura sia da attribuire a U, d'altronde, risulterebbe anche dal merito formale. In O il computo sillabico si mostra piuttosto mosso (10, 7; 11, 11; 8, 8); in U lo è complessivamente di meno. Maggiore escursione di misure si ha tuttavia proprio nei primi due versi, che rimandano al materiale comune. Viceversa, dove U lascia sospettare una riscrittura, le misure appaiono fondate coerentemente su quelle dell'otto-novenario (8, 9; 8, 8). Un elemento di dettaglio, che pure, come ha mostrato Lomazzi, ha ampio riscontro in U, il quale tende a presentare in generale una migliore tenuta metrica rispetto a O, e in particolare proprio nelle parti in cui va solo. Certo in luoghi di puntuale riscrittura, come quello appena visto, ma soprattutto nel prologo, i cui più che cinquanta versi mostrano particolare coerenza metrico-formale intorno alle misure di otto e nove sillabe.

2. Dinamismi tematici: il "Rainaldo moralizzato" di U

Veniamo dunque al prologo e all'epilogo. Abbiamo più sopra suggerito come l'aggiunta di paratesti al *Rainaldo* sia da valutare non tanto come un'operazione condotta sul testo in sé e per sé, ma in relazione con una più ampia strategia legata alla costituzione, se non dell'intero codice, almeno dell'unità codicologica comprendente Giacomino, la *Passione* e il *Rainaldo*. La ridefinizione in senso morale del poemetto si sarebbe insomma posta come condizione sufficiente e necessaria per la copia del testo, integrato e armonizzato infine al genere e agli scopi degli altri testi presi singolarmente e nel loro insieme. Un'operazione che va letta come fenomeno particolare di quel dinamismo adattativo che abbiamo visto proprio della tradizione dei poemetti settentrionali, ma che da esso si allontana in quanto propone, al di là degli attesi puntuali interventi sulla singola forma o sul singolo verso, caratteri creativi che lasciano intravedere, proprio per la natura deliberata dell'atto, la fisionomia di uno scrittore di ispirazione certo non altissima, ma sufficientemente provveduto e competente rispetto agli scopi perseguiti.

Andrà intanto notato come l'operazione stessa di provvedere il *Rainaldo* di un senso morale dovette comportare all'autore un qualche sforzo intellettuale e di fantasia. L'impressione che tanto il prologo quanto l'epilogo risultino "appiccicati" al testo con qualche incoerenza certo discenderà anche da ciò.[32] In particolare l'epilogo, in cui la condanna morale del lupo Lesengrino e del suo "malo ingegno" è stata vista come «a dir poco strampalata», in quanto «fa dell'innocente Isigrin, per ben due volte gabbato dalla volpe, l'esempio di malvagità da non imitare».[33] Eppure, per quanto possano lasciarci perplessi e sorpresi, possiamo dire che davvero i nove versi dell'epilogo debbano essere presi come «una frettolosa e sbadata aggiunta per "moralizzare" il racconto»?[34]

31. Dove U peraltro avrebbe impiegato il sintagma *orden segrà* per anticipo, essendo esso proprio del modello comune alle due versioni, come mostra la sua presenza in parallelo ai vv. 79, 305, 313 (U) / 55, 313, 317 (O). Tale espediente editoriale, si vedrà, non è isolato in U.

32. Lomazzi, *Rainaldo e Lesengrino*, pp. 14 e 17.

33. Ivi, p. 17.

34. *Ibidem*.

Proviamo a rileggerli (vv. 695-705):

Li mal inçegni sol mal fenir:
chi altrui mantel vol retenir,
lo so ne sol bein remagnir;
chi altrui mantel vol inçegner,
lo so ne sol bein laser:
sì com' fo quel de Isigrin,
che de soa muier fo onì,
e sì fo avergonçà,
e sì perdì tuto 'l so plaid.

Nei fatti, il ragionamento, per quanto strampalato ci possa sembrare, mostra una coerenza piuttosto precisa con concetti espressi nel prologo. Come si vedrà, la colpa attribuita a Lesengrino rimanda nella sostanza al carattere temerario della causa (*plaid*) che egli aveva mosso, nella prima *branche*, alla volpe Rainaldo per lo stupro della moglie. Una temerarietà dettata da un difetto morale del lupo, che i primi versi di carattere gnomico indicano come la volontà di appropriarsi di vantaggi che non spettano, con conseguente perdita anche di ciò che legittimamente si possiede. Caso universale, caso particolare. Il lupo bensì avrebbe avuto diritto a ottenere soddisfazione dello stupro della moglie, ma essendo egli piuttosto mosso da rancore personale che da verace desiderio di giustizia (lo stesso attacco della querela del lupo è marcato nel poemetto da un significativo: «Et Isengrin, *che Rainaldo non ama*, / dananti lo Lion se reclama», vv. 229-230), riceve sentenza avversa da parte del re Leone, il quale constata che la volpe si è difesa «con dret», cioè secondo diritto (v. 291). La colpa del lupo, sanzionata dal re, sarebbe quindi di essersi rivolto all'autorità ponendo una richiesta non legittima. E ciò contravvenendo a un valore morale universale, cui l'autore del prologo aveva sottomesso l'intero significato del poemetto, ponendo come condizione necessaria all'ottenimento della giustizia in questa terra la legittimità delle proprie richieste: «che tuti abia soa rason / *a soa dreta domandason*» (vv. 35-36).

Osserviamo più da vicino come è svolto il ragionamento nel prologo, esaminandone per intero la struttura argomentativa. I primi versi comportano una breve presentazione del testo al pubblico, di cui è richiesto l'ascolto (vv. 1-8):

Segnori e done che sé' qui,
plasve intender et aldir
un sermon de grant solaç
a chi intender sì li plas.
El è sermon de grande festa
a chi intendre se deleta,
e sciencia se'n pò trar
chi in bona part la vol retrar.

Il dettato propone argomentazioni e un formulario non ignoti ai poemetti moralistici e devozionali due-trecenteschi. Notava già Lomazzi la congruenza con l'andamento dell'esordio dei *Proverbia super naturam feminarum*: «Bona çent, entendetelo perqué 'sto libro ai fato».[35] Non siamo d'altronde troppo lontani nemmeno da quanto propongono nei primissimi versi gli altri poemetti presenti in U, come la *Passione*: «Audite, bona gente, questa mia raxone»;[36] o come Giacomino, *De Ierusalem*, nel suo richiamare l'ascolto all'utile del testo: «ki ne vol oldir / [...] un poco ge n'ò dir / e çò ke ge 'n dirò se ben vol retenir / gran pro ge farà, sença nesun mentir».[37] Particolari contatti con quello del *Rainaldo* sembra offrire il prologo del poemetto su santa Margherita, contenuto nel medesimo ms. Marciano in cui compaiono sia Giacomino sia la *Passione*. Senza pensare necessariamente a un rapporto di diretta intertestualità, la presenza di tessere, formule e clausole comuni permette almeno di cogliere l'aggiornamento dell'autore di U sui modi dei poemetti. Si considerino i seguenti punti di contatto, reperiti nel giro di pochi versi nel prologo del *Rainaldo* e nel prologo (o meglio, nel doppio prologo)[38] del poemetto agiografico nello svolgimento del medesimo argomento:

Rainaldo, v. 2: plasve *intender et aldir*;
Margherita, v. 40: a quant vol *ascoltar et aldir*;

Rainaldo, v. 4: a chi *intender sì li plas*;
Margherita, v. 24: et *entendì se el ve plas*;

Rainaldo, v. 9: ché bein dise *la scritura*;
Margherita, v. 3: che è trata de *la scritura*;

cui si potrà forse aggiungere, più addentro nel prologo:

Rainaldo, vv. 37-38: e sì plasete a *Jhesu Christo*, / che del mondo fo *magistro*;
Margherita, vv. 29-30: or sia regraiçà *Iesù Cristo* / che è segnore e *maistro*.

Il *Rainaldo* è poi presentato, ancora utilizzando una terminologia corrente, come un «sermon de grant solaç» (v. 3), e come un «sermon de grande festa» (v. 5), cioè come un discorso morale (*sermon*),[39] che, con i suoi accenti piacevoli e gioiosi (*grant solaç*, *grande festa*),[40] somministra validi insegnamenti («sciencia», v. 7) alle persone di buona volontà («chi in bona part la vol retrar», v. 8).

35. Ivi, p. 13.

36. Riva, *Su due redazioni*, p. 186, v. 1.

37. *Poeti del Duecento*, vol. I, p. 627, vv. 3-6.

38. La *Margherita* infatti presenta, nel solo ms. Marciano, un primo prologo, probabilmente frutto di aggiunta redazionale, e un secondo prologo, probabilmente originale (cfr. su questo Zeno Verlato, *Il prologo e l'epilogo in alcuni volgarizzamenti agiografici di area italiana*, in *The Medieval Translator*, vol. XV. *In principio fuit interpres*, edited by Alessandra Petrina, Turnhout, Brepols, 2013, pp. 97-110, alle pp. 109-110; e Id., *Note filologiche*, p. 87 nota 1).

39. È lo stesso termine con cui identifica il suo testo, ad esempio, l'autore dei *Proverbia super naturam feminarum*, v. 69: «Signori, s'entendeteme, diraive un sermone» (*Poeti del Duecento*, vol. I, p. 526), così come Bonvesin la sua *Disputatio mensium*, v. 12: «Eo Bonvesin dra Riva de zo voi far sermon» (*Le opere volgari di Bonvesin da la Riva*, a cura di Gianfranco Contini, Roma, Società Filologica Romana, 1941, p. 3).

40. Il termine *festa* sarà da intendere certo non nel senso di "celebrazione solenne", ma di "ef-

Esaurita questa prima parte introduttiva, viene finalmente proposto nel modo autorevole il senso morale generale cui si sottomette il testo: «Ché bein dise la scritura: / tutte cosse vol mesura» (vv. 9-10), argomentato quindi con una sequela di sentenze gnomiche dello stesso tenore di quelle che corredano l'epilogo,[41] le quali tutte rimandano a un unico concetto: cercare vantaggi indebiti a danno altrui va di norma a proprio danno. A questo punto, con una consequenzialità marcata dall'avverbio *or* di valore causale, il prologo provvede a congiungere la materia particolare del racconto alla visione morale appena delineata: «Or, per çò che lo mondo sé de mal afar» (v. 28); e lo fa stabilendo una diretta correlazione tra l'ordine razionale e provvidenziale del creato garantito da Dio, all'ordine (*cotal rason*) garantito in terra dall'autorità (vv. 29-42):

imperçò Christo veras signor
sì ne à dado cotal rason
che tuta çente al mont vivent
e tute bestie curent
viva soto segnoria
che li demene per dreta via,
che tuti aibia soa rason
a soa dreta domandason.
E sì plasete a Jhesu Christo,
che del mondo fo magistro,
che lo Lion fosse podestà
e signor e re clamà
de tute bestie che al mondo son
per far a lor soa rason.

Un'autorità che evidentemente vale non solo per il mondo degli uomini, cioè: «tuta çente al mont vivent»; ma anche per il mondo degli animali in quanto effetto del medesimo atto della Creazione – come lascia intendere il possibile richiamo della locuzione con cui sono indicati gli animali: «tute bestie curent», al passo di *Genesi*, 7.14, in cui, nella descrizione del cosmo appena formato, si fa riferimento agli animali come «animal [...] omne quod movetur super terram».

Come si vede, il richiamo alla legittimità della querela come condizione per ottenere giustizia cade proprio al centro del discorso, ponendosi come chiave interpretativa fondamentale. E si tratta di un concetto che l'autore applicava alla narrazione del *Rainaldo* strumentalmente quanto si vuole, ma aderendo alla teoria e alla pratica del diritto vigenti alla sua epoca. Piena aderenza concettuale con il dettato del prologo si riscontra ad esempio nel seguente estratto dal *Flore de*

fetto gioioso" provocato dall'ascolto del testo, così come le *parole de festa* di Bonvesin, *Scriptura aurea*, v. 8: «Queste en parol de festa, parol de grang dolceze» (*Le opere volgari di Bonvesin da la Riva*, p. 151).

41. E probabilmente, come mostrato da Lomazzi, *Rainaldo e Lesengrino*, pp. 14-15 e 17, le une e le altre provenienti da una fonte assimilabile alla raccolta di *moralitates* tratte dallo pseudo-Aviano, di cui possediamo una versione in franco-italiano nel ms. di Milano, Biblioteca Ambrosiana, N 168 Sup., da leggere ancora nella vecchia edizione di Pio Rajna, *Estratti di una raccolta di favole*, in «Giornale di filologia romanza», 1 (1878), pp. 13-42.

parlare di Giovanni da Vignano, redatto a cavallo tra XIII e XIV secolo, in cui è posto il vincolo che stringe il signore, in quanto garante della giustizia, alla legittimità della domanda:[42]

> Seguramente e sença alcuna dubitança dé e po' çaschauna persona fare soa domanda denançe dal so segnore, *se la domanda è raxonevele e iusta overo honesta*, perçò chi chi è dibitore a la Raxom, çoè rectore, dé amare iustixia, chi ama iustixia sì ama constantia e perpetuale voluntà de dare soa raxon a çaschaum.

Concetto e terminologia di carattere giuridico-politico che si riscontra fuori dalla teoria anche in alcuni testi pratici veneti, come ad esempio in una lettera in veneziano *de là da mar*, in cui un gruppo di mercanti di Ragusa raccomanda all'autorità di verificare la legittimità delle pretese della loro controparte in questi termini:[43] «I(n) quisto vui sì lo podé savere s'elo *d(e)manda dreto*». O come in uno statuto del 1334, sempre veneziano, in cui la soddisfazione di una parte appare ancora condizionata dalla legittimità delle richieste (*iuste domandaxon*):[44]

> veçudo et intendute *le iuste domandaxon* de quelli, quelle sì recevessemo et de auctorità del nostro officio confermade commandassemo en la presente scriptura declarare.

Stabilito questo quadro, diviene quindi meno sorprendente la condanna del sicofante Lesengrino. La legittimità della richiesta non risiede infatti nella soggettiva pretesa del querelante, ma nel giudizio che se ne fa l'autorità del signore, in quanto rappresentante in terra dell'autorità divina. È questo che sembra voler dire U quando, senza corrispondenza con O, induce i galli a formulare il loro piato nei giusti termini giuridici, riecheggiando il dettato del prologo (vv. 57-62):[45]

> [...] «Miser Lion,
> vui sé' re e bon signor:
> nui ve pregemo fortement,
> entendì nostro lementement,
> et *a dreta dema[n]dason*
> manteine' in nostra rason.

È lecito vedere in questa precisa ripetizione un'arguzia dell'autore di U, il quale sa già come infine la sentenza volgerà a sfavore dei galli. Il redattore di U non è d'altronde uno che improvvisi, e anzi in più occasioni, nelle parti di sua responsabilità, mostra di agire bene a conoscenza della materia del poemetto. È quanto emerge ad esempio nel punto assai sensibile in cui, terminato il prologo,

42. Matteo dei Libri, *Arringhe*, p. 296.

43. Diego Dotto, Scriptae *venezianeggianti a Ragusa nel XIV secolo. Edizione e commento di testi volgari dell'Archivio di Stato di Dubrovnik*, Roma, Viella, 2008, p. 88.

44. *I capitolari delle Arti Veneziane*, a cura di Giovanni Monticolo e Enrico Besta, 3 voll., Roma, Istituto Storico Italiano, 1914, vol. III, pp. 369-409, a p. 373.

45. Corrispondenza tra il prologo e il passo si ha anche nel rapporto tra l'assonanza *signor* : *rason* (vv. 29-30) e *Lion* : *signor* (vv. 57-58).

egli dà avvio alla narrazione, allontanandosi nella riscrittura dai versi con cui iniziava la versione di O. Uno dei punti di sua totale iniziativa concerne la descrizione dello stuolo di funzionari di corte intorno al re Leone (vv. 43-48):

Or sta lo Lion in una grant montagna
con molte bestie in sua compagna;
et avea soi conscieri
quant li fasea mestieri
e comandadori, e scrivan
sì aveva d'ogna man.

Per quanto possa sembrare generica, la lista propone cariche precise, che richiamano quelle di cui si rivestono nella narrazione i personaggi. Così gli *scrivan* trovano rappresentazione nella scimmia (vv. 83-84: «E vui, simia, scrivan facent, / scrivème l'ordenament»); mentre entrambi i ruoli dei *conscier* e dei *comandadori* andranno attribuiti al solo tasso Gilberto, il quale effettivamente svolge la mansione di consigliere e assieme di banditore del re (salvo poi attribuirsi da sé stesso quella di procuratore di Rainaldo). Effetto di preannuncio ha d'altronde l'esplicitazione del rapporto vassallatico che lega la volpe al re, che in U compare già nella querela dei galli, all'inizio cioè della narrazione vera e propria (vv. 63-64: «Dananti vui fasemo reclamo / de Rainaldo to vasallo»), mentre in O cade molto più avanti, in altro contesto, e per bocca del difensore Gilberto (vv. 188-189: «Vu no avì sì bon vasallo / che [no] ve tema un batisstallo»).

Un ultimo caso di anticipo, e questa volta a grande distanza, potrebbe infine vedersi ai vv. 66-67, dove U fa dire all'*orden sagrà* dei galli: «Nui cantemo li officii e li maitin / et el no cessa de nui alcir». Un'accusa che Rainaldo confermerà, molto più avanti, nel punto di raccordo tra le due *branches*: «Eo no volsi mai in glesia intrar / per messa ni per maitin scoltar, / se no andai per galine prender / [...] / ond'eo me fes de gros bocon» (vv. 338-343).

2.1. *Adattamenti "a colpo d'occhio" e tassellature "a memoria"*

La scelta di moralizzare il poemetto su base giuridica potrebbe essere stata spinta, se non da propensioni personali, dalla sensibilità dell'autore del prologo verso un gusto piuttosto evidente del poemetto, specialmente nella prima parte, per una corretta ambientazione giuridica del *plot*, in quanto causa di effetti comici.[46] Abbiamo visto come in U si possa reperire una qualche competenza a riguardo, e dal punto di vista concettuale e dal punto di vista terminologico. Ma non tale da impedire al redattore di incorrere in errori e fraintendimenti. Uno di questi si ha senz'altro quando U indica la mansione che Gilberto assume da sé, come mansione di *çurador*, non intendendo probabilmente il valore di quel *churaor*

46. Chissà che proprio tale elemento parodico non abbia istigato il notaio bolognese a trascrivere nel suo Memoriale la scena della *constitutio partium* del processo a Rainaldo? Una qualche circolazione della materia renardiana in ambienti giuridici settentrionali è d'altronde provata anche da alcune epistole parodistiche in latino, la cui redazione per mano di lepidi notai risale ad anni vicini a quelli della copia di M (cfr. Lomazzi, *Rainaldo e Lesengrino*, pp. 54-55).

correttamente proposto da O. Ciò avviene non una, ma due volte, a ogni ricorso cioè del termine:

O, vv. 75-76
che voio esere so churaor,
davanti voi manlevaor
U, vv. 111-112
e dananti vui manlevador
che eo voio eser so çurador

O, vv. 116-117
e' son stato curaor,
davanti lu manlevaor
U, vv. 152-153
et eo per ti son çurador
e a lo Lion manlevador

Il fatto che non venga mai toccato il sinonimo di rincalzo *manlevador* sembrerebbe accertare una difficoltà di fronte proprio al termine *curaor*, il quale poteva essere raro se è vero che, consultando il *Corpus OVI*, non se ne trova altra traccia in testi settentrionali due-trecenteschi.[47] Il termine *çurador* ha certo una qualche affinità semantica con *curaor* (indicherà all'ingrosso chi prende un impegno giurato), ma è abbastanza evidente come la lezione si sia introdotta in U per adattamento, per effetto del processo di lettura-scrittura, come reinterpretazione per dir così "a colpo d'occhio". Un'azione semplice, come lo è l'aggiunta di una cediglia, che tuttavia non può essere catalogata come semplice trascorso di penna, in quanto implica un tentativo di interpretazione razionale del testo. Qualcosa insomma di più complesso rispetto a tanti altri fatti, facilmente rinvenibili tanto in O che in U, spiegabili per via paleografica come banali sviste, come la lettura di una ‹f› come una ‹s› di tratto lungo:

O, v. 229
de quel che ge dovese nosere, per fe'

U, v. 251
quel che li devese noser per se.

Si tratta invece di casi, tutt'altro che infrequenti, in cui uno dei copisti (e non è quasi mai semplice decidere le precedenze) di fronte a una difficoltà soggettiva o oggettiva del testo si conduce a lavorare sui materiali grafici nel tentativo di restituire una lezione sensata. Al "colpo d'occhio" e a processi scrittorî, che escludono nettamente qualsiasi idea di intromissione dell'oralità, possono essere assegnati casi come il seguente:

47. Il termine d'altronde si inserisce in un punto in cui il testo, come emerge dalla lezione di O, si produce in un'attualizzazione della vicenda processuale di Rainaldo a precise consuetudini della giurisdizione locale, e quindi senz'altro anche alla competente terminologia (cfr. Lomazzi, *Rainaldo e Lesengrino*, pp. 46-47).

O, vv. 380-381
S'tu me falasi may, Raynaldo, e' t'avi prendere,
sì te farave in forche apendere.

U, 367-368
se più mal fasi, eo te farò prender
e la morte te farai render.

Il dettato di O, come accade, nonostante l'evidente sciatteria, potrebbe conservare dei tratti genuini. Il secondo verso in particolare, che nel ms. ferrarese ricorre anche altrove con valore formulare (sempre in rima con *prender(e)*), senza ricorso parallelo in U, sembra in rapporto con espressioni presenti nella tradizione francese del *roman*.[48] È questo almeno un indizio, certo non una prova, della direzione dello scostamento tra le stringhe basate sui medesimi materiali grafici: *me falasi may* e *mal fasi*.

Più delicato quest'altro caso:

O, vv. 276-278
trea via mego che se conçà:
perch'eo no me poti acholeger,
perçò sofrì' greve mester.

U, vv. 280-282
entro la via se acolegà:
eo no me podeva corler,
per ço sofrì' quel gref mestier.

Com'è evidente, lo scostamento cambia di molto il senso del racconto. Siamo nel punto del poemetto in cui Lesengrina ricorda come andò la faccenda dello stupro. In U la lupa afferma che Rainaldo, sdraiandosi sulla strada (*entro la via se acolegà*), le impedì di scrollarselo di dosso (*corler*); mentre in O la stessa enumera gli amplessi (*tre via* 'tre volte') cui dovette sottostare, in quanto impedita nel cambiare posizione mettendosi sdraiata (*no me poti acholeger*). È possibile che qui di nuovo O sia più vicino alla lezione originale, se è vero che anche nel *roman* se ne fa una questione di numeri (anche se diversi): «Plus de set foiz, voire de dis»;[49] è possibile che il cambiamento del senso in U dipenda, più che da un'invenzione narrativa, da un cambiamento "a colpo d'occhio" congiuntamente della stringa *trea via* in *entro la via*, e di una stringa analoga a *poti acholeger* (magari letta *potea choleger*) in *podeva corler*.

A un medesimo processo potrebbe essere attribuito ancora quest'ultimo caso:

O, vv. 197-200
bestia malvasia de natura,

48. Cfr., con medesimo riferimento all'impiccagione e con rima *pendre* : *prendre*, limitatamente alla *branche* I, i vv. 1383-1384 e 2779-2780, in *Le Roman de Renart*, publié par Ernest Martin, 3 voll., Strasbourg, Trübner, 1882-1887.

49. *Le Roman de Renart*, *br.* I, v. 1294.

con' tu à' pesima figura!
Con' po-tu tante guere finir,
e [de] tanti to inimixi guarir?

U, vv. 223-226
bestia mala de natura,
tu èi de sì piçola figura:
com' poi-tu tante vere far
e tante brige demenar?

A parlare è il re Leone, il quale, quando finalmente Rainaldo si presenta al suo cospetto per essere giudicato, ha un moto di indignata sorpresa di fronte al responsabile di tanti scandali. Com'è evidente, il tenore del discorso è alquanto diverso nelle due versioni. In U infatti si osserva come una bestia tanto minuta (*piçola*) possa fare guerre e scatenare gravi disordini (*brige demenar*); mentre in O che una bestia tanto malvagia (*pesima*) possa condurre le sue guerre sino alla pace (questo è il significato più probabile della locuzione *guerre finir*), salvandosi da tante inimicizie. Questa volta però sembra la versione di U più prossima a un tema presente nel *roman*, in cui ricorrono accenni al rapporto tra la poca forza (*puissance*) della volpe e le gravi azioni che le si attribuiscono. In un caso è Renart stesso a usare l'argomento per discolparsi davanti al re (la situazione è quindi parallela ma opposta a quella del poemetto):[50]

Je ne suis pas de grant puissance,
mes ce seroit povre venjance.

In un altro è invece il narratore a sottolineare la disparità di forza (ma anche di cervello) tra Renart e Isengrin:[51]

Renars n'iert pas de tel puissance
conme Ysengrins, mes sa fiance
avoit Renars en escrimie,
por c'out la bataille aramie.
Engigneuz est, s'il n'est forz,
sun senz valoit un grant esforz.

Se davvero O è indiziabile, per una volta, di una maggiore iniziativa, potrebbe essere legittimo chiedersi se quella giunzione *pessima figura* non possa essersi prodotta, nella riscrittura del passo, per effetto di memoria. Andrà infatti notato come qui compaia una formula altrove rarissima, anzi attestata solo nell'*Istoria* dello pseudo-Uguccione, dove con essa si identifica l'essere perverso per eccellenza, cioè il diavolo:[52] «Mai quela pessima figura / serà diversa crëatura». E a rincalzo non sembra si possa portare se non un passo dalla *Santa Margherita*,

50. Ivi, *br.* I, vv. 1263-1264.
51. Ivi, *br.* VI, vv. 381-386.
52. Romano Broggini, *L'opera di Uguccione da Lodi*, in «Studi romanzi», 32 (1956), p. 69, vv. 1277-1278.

dove l'espressione *mala figura* comporta lo stesso referente:[53] «E Margarita sença rancura / ven prender sta mala figura».

D'altronde, O potrebbe essere sorpreso a intarsiare il poemetto con formule di riuso almeno in un altro caso. Si tratta del passo in cui Rainaldo va enumerando, in una sorta di anti-*gap*, i mestieri di cui non è capace (O, vv. 390-397; U, vv. 375-384). Le due versioni divergono non solo nell'ordine delle argomentazioni, ma anche per i singoli lavori citati. Senza entrare nel dettaglio, si dirà solo che O, dopo aver introdotto il lavoro del vignaiolo (v. 392: «far vigna», che trova un qualche riscontro in U, v. 377: «ni traversar vin in veçol»), si discosta fortemente da U, aggiungendo il lavoro del muratore, indicato come l'arte di costruire torri e piani alti (*soler*) delle costruzioni: «e' no so far tore ni soler» (v. 394). Si osserverà che gli stessi termini cadono in forte prossimità in un passo del *Sermon* di Pietro da Bescapè, in cui è fatto un elenco delle inutili fatiche materiali cui si sottomette volontariamente l'uomo invece di badare alla salute dell'anima:[54]

> [...] de questo mete 'l cura,
> de fare le grande caxe con li richi *solari*,
> de grosse *torre* et alte, depengie e ben merlae.

Cui subito segue un accenno alla produzione del vino:[55] «d'aver de riche vignie ke façan lo bon vino». Il riuso d'altronde, anche eventualmente nella forma dell'intarsiatura estemporanea, non farebbe che riportare la tradizione del poemetto, o meglio delle sue due redazioni, ai caratteri rielaborativi sin qui descritti, propri di una letteratura, come quella settentrionale due-trecentesca dei poemetti, caratterizzata non dalla fedeltà a un testo, ma dall'attinenza a una funzione, a un'istanza, mutevoli secondo le condizioni storico-geografiche e latamente culturali in cui il testo viene di volta in volta a riproporsi.

3. *Per una stratigrafia lessicale della tradizione*

Sul fronte del lessico, il dinamismo adattivo della tradizione del *Rainaldo* si riverbera in una compagine lessicale che si rifrange in tre tendenze fondamentali: l'ampio accoglimento di gallicismi, che spesso innescano fenomeni di reazione o di riadattamento nelle due redazioni; il ricorso a tecnicismi giuridici o comunque a un lessico che fa riferimento ad un àmbito giuridico, specialmente nella prima parte corrispondente al *Jugement de Renart*, con analoghi processi di rielaborazione; la presenza di un lessico connotato da un punto di vista diatopico in senso regionale o macroregionale con finalità espressive, ancor più evidenti e marcate quando il confronto tra le due redazioni rivela una conservazione dei materiali lessicali nel quadro di uno sviluppo narrativo divergente. Il contatto fra queste tre componenti – gallicismi, tecnicismi giuridici e diatopismi – costituisce uno degli

53. Berthold Wiese, *Eine altlombardische Margarethen-Legende*, Halle, Niemeyer, 1890, p. 43, vv. 759-760.

54. *Die Reimpredigt des Pietro da Barsegapè*, herausgegeben von Emil Keller, Frauenfeld, Huber, 1901, p. 37, vv. 277-279.

55. *Die Reimpredigt des Pietro da Barsegapè*, v. 280.

elementi più significativi, a lato del piano del contenuto, per generare quel «grant solaç» (v. 3) e quella «grande festa» (v. 5) di cui parla il prologo di U (cfr. § 2).

Va da sé che le intersezioni fra queste tre componenti sono ricorrenti, e anzi in alcuni casi potrebbero consentire di formulare, sia pure con prudenza, ipotesi – particolari o generali – sull'assetto dell'*Urtext* a monte di O e U, come nel caso della resistenza di alcuni tecnicismi giuridici di sicura ascendenza francese, in linea di principio incompatibili con un rifacimento dotato di forte autonomia rispetto al modello (o ai modelli) d'Oltralpe (cfr. § 3.3). Ma naturalmente il focus sarà sulla comparazione tra O e U e sulla definizione del rispettivo profilo redazionale, in particolare alla luce del dinamismo adattivo che tocca la componente lessicale di origine francese, messa in rapporto con la documentazione italiana antica.[56]

3.1. *Modulazioni nel canto del gallo: tra* çantacler *e* chantacler

Prima di sondare il livello propriamente lessicale, ci soffermeremo su alcuni fenomeni grafico-fonetici che ci introducono in modo elementare ma allo stesso tempo significativo alla fortissima dipendenza che la tradizione del *Rainaldo* intrattiene con l'universo linguistico francese.

La rappresentazione di un'affricata dentale o postalveolare negli esiti del lat. c- davanti a a in opposizione alla conservazione dell'occlusiva velare sorda, normale in quasi tutte le varietà italoromanze medievali, individua un patente fenomeno d'interferenza francese. Esiste però un'asimmetria tra /ʦ/ e /ʧ/. Nel Settentrione, e in particolare nell'area veneta, nel processo di imitazione dei lemmi francesi con /ʧ/ si ha una neutralizzazione dell'opposizione tra /ʦ/ e /ʧ/ per la ragione che in genere il sistema d'arrivo possedeva solo /ʦ/.[57] In Toscana e in altre

56. Elenchiamo una volta per tutte gli strumenti utilizzati: *AIS* = Karl Jaberg - Jakob Jud, *Sprach- und Sachatlas Italiens und der Südschweiz*, Zofingen, Ringier & Co., 1928-1940, consultabile all'indirizzo https://navigais-web.pd.istc.cnr.it/; Roberta Cella, *I gallicismi nei testi dell'italiano antico (dalle origini alla fine del sec. XIV)*, Firenze, Accademia della Crusca, 2003; *Corpus OVI* = *Corpus OVI dell'Italiano antico*, a cura di Pär Larson, Elena Artale, Diego Dotto, consultabile all'indirizzo http://gattoweb.ovi.cnr.it/; *DMF* = *Dictionnaire du Moyen Français, version 2020 (DMF 2020)*, ATILF-CNRS & Université de Lorraine, consultabile all'indirizzo http://www.atilf.fr/dmf.; *GDLI* = Salvatore Battaglia [poi Giorgio Barberi Squarotti], *Grande dizionario della lingua italiana*, Torino, Utet, 1961-2002; Godefroy = Frédéric Godefroy, *Dictionnaire de l'ancienne langue française et de tous ses dialectes du IX*^e *au XV*^e *siècle*, Genève, Slatkine, 1982 [Paris, 1891-1902]; *REW* = Wilhelm Meyer Lübke, *Romanisches etymologisches Wörterbuch*, Heidelberg, Winter, 1935[3]; *TB* = Niccolò Tommaseo, Bernardo Bellini, *Dizionario della lingua italiana*, Torino, Utet, 1861-1879; *TLIO* = *Tesoro della Lingua Italiana delle Origini*, a cura di Paolo Squillacioti, consultabile all'indirizzo http://tlio.ovi.cnr.it/TLIO/; Tobler-Lommatzsch = *Altfranzösisches Wörterbuch*. Adolf Toblers nachgelassene Materialien bearbeitet [...] von Erhard Lommatzsch, Berlin, Weidmann, 1925-; *VSES* = Alberto Varvaro, *Vocabolario Storico-Etimologico del Siciliano (VSES)*, Palermo-Strasbourg, Centro di Studi filologici e linguistici siciliani-Société de Linguistique Romane, 2014.

57. Cfr. Lorenzo Renzi, *Per la lingua dell'Entrée d'Espagne* (1970), in Id., *Le piccole strutture. Linguistica, poetica, letteratura*, a cura di Alvise Andreose, Alvaro Barbieri, Dan Octavian Cepraga, con la collaborazione di Marina Doni, Bologna, il Mulino, 2008, pp. 265-298, alle pp. 270-271 e 279-282. Per l'utilità di questo approccio, ispirato alla linguistica del contatto, cfr. Marcello Barbato, *Il franco-italiano: storia e teoria*, in «Medioevo Romanzo», 39 (2015), 1, pp. 22-51, alle pp. 48-49.

aree, invece, la sostituzione di /ʧ/ con /ʦ/ non ha perlopiù luogo perché /ʧ/ fa parte del repertorio fonologico di queste varietà, e quindi si candida naturalmente a essere utilizzato nelle forme sottoposte a interferenza. D'altra parte l'evoluzione interna delle varietà oitaniche nel XIII secolo, con il passaggio di /ʧ/ a /ʃ/, ha intaccato questo sistema di corrispondenze, il che spiega l'emersione anche in Toscana di grafie come ‹s› o ‹z› (o ‹ç›).[58]

Se si esamina il manipolo di prestiti cui si oppone un allotropo indigeno schedati da Roberta Cella nel suo fondamentale contributo sui gallicismi nei testi dell'italiano antico, come *ciambra* / *zambra* vs *camera*, *ciamino* vs *cammino*, *ciantro* vs *cantore*, *ciappa* vs *cappa*, ecc.,[59] si individuano filoni testuali decisamente circoscritti, che in genere non escono dalla terna costituita dalla lirica duecentesca, con contate propagginazioni trecentesche per imitazione; dai testi di carattere pratico vergati da mercanti toscani con interessi e contatti in Francia, spesso residenti Oltralpe; dalla galassia dei testi di traduzione o dei rifacimenti di testi oitanici. Così per es. in Toscana le attestazioni di *ciambra* / *zambra* si concentrano nella poesia arcaica, in particolare in Guittone, e nel XIV secolo nella produzione canterina, mentre al di fuori della Toscana allignano nella tradizione della poesia didattica settentrionale, in cui spicca dal nostro punto di vista Giacomino da Verona («dentro e de fora le çambre e li camin / è pente a laçur et or oltremarin», vv. 67-68); in prosa si rintracciano esempi perlopiù in traduzioni, come la *Tavola ritonda* e l'*Inchiesta di San Gradale*, e nei libri di conti della filiale parigina dei Gallerani, a lato di una specializzazione semantica in cui *ciambra* ha il significato di "latrina", documentato tra l'altro nel volgarizzamento di Zucchero Bencivenni del *Régime du corps* di Aldobrandino da Siena.[60] Per i derivati si segnalano, secondo le stesse dinamiche di penetrazione, *ciamberiera* nel *Fiore*, in rima, per traduzione diretta del fr. *chamberiere* e in cooccorrenza a breve distanza con l'allotropo indigeno – ma con suffisso gallicizzante – *cameriera* all'interno di verso, e in una lettera vergata a Bruges da un mercante pistoiese nel 1330 (o 1331), e *ciambriere*, di nuovo attestato in un quaderno di spese dei Gallerani.[61] Ancora: *ciamino* in luogo di *cammino* è nel solo Chiaro Davanzati in punta di verso senza altre attestazioni ad eccezione del probabile iperfrancesismo «Perinetto du Ciamino» in un libro di conti dei Gallerani.[62] Iperfrancesismi sono, sempre in Chiaro Davanzati, *civaliere* "cavaliere" e *ci-*

58. Cfr. Cella, *I gallicismi*, p. 111.

59. Cfr. ivi, pp. 108-118.

60. Cfr. *TLIO s.v. ciambra* e *Corpus OVI*. Per l'attestazione di Giacomino, nel *De Ierusalem*, cfr. *Poeti del Duecento*, vol. I, p. 629: «francovenetismo» come nel verso precedente *blançe* "bianche", anche in O e U *çanbre* / *ça(n)bre*, ma nel verso precedente *blanche* e *blance*, rispettivamente ai ff. 2r e 40r.

61. Per *ciambriera*, oltre a *TLIO s.v.*, cfr. *Il Fiore e il Detto d'Amore attribuibili a Dante Alighieri*, a cura di Gianfranco Contini, Milano, Mondadori, 1984, pp. 352-353, vv. 5 e 9 con il commento *ad loc.*; Luigi Chiappelli, *Una lettera mercantile del 1330, e la crisi del commercio italiano nella prima metà del Trecento*, in «Archivio Storico Italiano», s. VII, 1 (1924), pp. 229-256, a p. 254. Per *ciambriere*, cfr. Rossella Mosti, *Un quaderno di spese della filiale parigina dei Gallerani (1306-1308)*, in «Studi di lessicografia italiana», 29 (2012), pp. 239-283, alle pp. 21-22 (il glossario segnala anche *cialziere* "calzolaio", *ciambra*, *ciarpentiere* "carpentiere" alle pp. 20-22).

62. Cfr. Chiaro Davanzati, *Rime*, a cura di Aldo Menichetti, Bologna, Commissione per i testi di lingua, 1965, pp. 122 e 425 (canz. 33, v. 1). Come nota Cella, *I gallicismi*, p. 112, *ciamino* oc-

valli "cavalli", per cui si veda anche la forma *civagli* nel *Tristano Riccardiano*.[63] Una preziosa attestazione dell'esito con intacco della velare si ha in un componimento con rapporti contenutistici e formali con la lirica oitanica, conservato, con un altro testo simile, sul *recto* dell'ultima carta di un quaderno di imbreviature del 1317 di un notaio attivo a Treviso:[64]

Arcoyeme, bel sire, e tenime en man
e guarda no me dar en man de vilan,
s'el non è civalyer au fig de çastelan.

Nel v. 9 si condensano in modo significativo ben due esempi, *civalyer* e *çastelan* "castellano", privo di altri riscontri nella documentazione italiana antica ricavabile dal *Corpus OVI* (cfr. anche *TLIO s.v. castellano*[1]).[65]

Infine segnaliamo almeno *ciantro* "(primo) cantore", attestato solo in testi di carattere pratico di area toscana trascritti in Francia, con l'eccezione del *Declarus* dell'abate Senisio, dove troviamo *chiantru* e il derivato *subchantru* "secondo cantore", entrambi da ricondurre alla componente galloromanza del lessico siciliano, legata alla presenza normanna nell'isola.[66]

corre in un contesto in cui a breve distanza si ha una rima francese *levante* : *vivante* "vivente". Per il probabile toponimo, cfr. invece Georges Bigwood, *Les livres des comptes des Gallerani*, ouvrage revu, mis au point, complété et publié par Armand Grunzweig, 2 voll., Bruxelles, Académie Royale de Belgique, 1961, vol. I, p. 164.

63. Cfr. Chiaro Davanzati, *Rime*, p. 125 a distanza ravvicinata, in un passaggio intarsiato di francesismi (*torneio*) e provenzalismi (*inantire*): «dico a voi che membriate / che non par inantire / lo civaliere che 'nantir non vole / a lo torneio, vogliendo cavalcare / ad un'or due civalli» (canz. 34, vv. 14-18). L'attestazione poetica di *civaliere* è affiancata dalla tradizione documentaria dei testi trascritti a Parigi presso la filiale dei Gallerani (cfr. «Piero Civaliere e Oddo Civaliere di Gonessa», «Tommas Civaliere di Villagiudea» in Bigwood, *Les livres des comptes*, vol. I, pp. 180 e 183). Per *civagli*, cfr. *Il Tristano Riccardiano*, edito e illustrato da Ernesto Giacomo Parodi, Bologna, Romagnoli-Dall'Acqua, 1896, p. 105. In margine è da segnalare il prestito non adattato *civals* in un testo dalla tradizione affine come la *Tavola Ritonda* (cfr. *La Tavola Ritonda o l'Istoria di Tristano*, a cura di Filippo-Luigi Polidori, Bologna, Romagnoli, 1864, p. 99).

64. Cfr. Furio Brugnolo, *Due «canzoncine di donna» altoitaliane dell'inizio del Trecento* (1991), in Id., *Meandri. Studi sulla lirica veneta e italiana settentrionale del Due-Trecento*, Roma-Padova, Antenore, 2010, pp. 99-113, a p. 111.

65. Periferica in senso stretto è l'emersione di *civalçé* e *çivalçé* nelle due redazioni della copia della lettera di Ghazan, ilkhan di Persia, al doge di Venezia, del 1303, recuperate da Vittorio Formentin, *Notizie da Aleppo. Una lettera dell'ilkhan Ghazan al Doge di Venezia*, in Id., *Prime manifestazioni del volgare a Venezia. Dieci avventure d'archivio*, Roma, Edizioni di Storia e Letteratura, 2018, pp. 285-309, a p. 305, con commento a p. 306. I due esempi sono solo uno dei tasselli della «pervasiva presenza dell'elemento francese» nei due testi (Formentin, *Notizie da Aleppo*, p. 308) e s'inscrivono nei contatti tra francese e veneziano nei territori «de là da mar».

66. Le attestazioni sono limitate a un "libro del dare e dell'avere" della compagnia di Gentile Ugolini in Francia del 1263 di area senese (cfr. *La prosa italiana delle origini*, vol. I. *Testi toscani di carattere pratico*, a cura di Arrigo Castellani, Bologna, Pàtron, 1982, pp. 323, 344, 351, 358, forme *ciantaro* e *ciantero* con epentesi), a un altro "libro del dare e dell'avere" redatto questa volta in Provenza negli anni 1299-1300 dal fiorentino Matino Matucci (cfr. *Nuovi testi fiorentini del Dugento*, a cura di Arrigo Castellani, Firenze, Sansoni, 1952, pp. 738 e 758, forma *ciantre*, quindi un prestito non adattato come dimostra il vocalismo finale) e naturalmente alla produzione scritta della filiale parigina dei Gallerani (cfr. Bigwood, *Les livres des comptes*, vol. I, p. 19, forma *ciantro*). Trafila

Questa breve escursione mostra come nei testi italiani antichi la rappresentazione dell'esito con affricata dentale o postalveolare sia estremamente rara, essendo legata a definiti generi testuali, che hanno in comune un forte legame con la cultura o con la società d'Oltralpe. Questo dato linguistico e culturale emerge anche nella tradizione del *Rainaldo*, dove in U troviamo la grafia ‹ç› in luogo di ‹c› (o ‹ch›) in *çantacler* vv. 55, 135, 149, 293, 307, *çantar* 310, *çantator* 309.[67] In O, invece, si ha di regola l'occlusiva velare sorda rappresentata da ‹c› o da ‹ch›, che nel quadro degli usi grafici del ms. non permette di pensare ad un'influenza francesizzante perché il digrafo è usato normalmente anche davanti a vocale posteriore o centrale.[68] Vediamo un esempio paradigmatico dei fenomeni rielaborativi che, per così dire, ruotano intorno a questo uso grafico-fonetico:

U, vv. 307-310
Bein sai-tu ch'eo son to çantacler
e sì canto lo to mestier;
bein sai-tu ch'eo son to çantator,
e prèvede de çantar le ore.

O, vv. 319-322
Ben soe tu e' meo chantaor:
li previi Deo chanti li or.
Ben soe che tu e' me' chantacler:
li previi Deo chanti i mester.

In U l'uso di ‹ç› a fronte degli esiti di c- davanti a a è doppiamente connotato in senso lessicale: è limitato ai lemmi della famiglia di *cantare* e muove con ogni probabilità da *Chantecler*, il nome del gallo nel *Renart*. Ma non si ferma a *çantacler*, minimamente adattato al sistema italiano nella desinenza *-a* e ridotto da nome proprio a sostantivo generico, perché si allarga a *çantator*, posto in clausola a breve distanza dallo stesso *çantacler*, e a *çantar*, a tutti gli effetti ircocervi francoveneti. I controesempi senza ‹ç› sono: *cantemo* v. 67 e *cante* "canto" v. 108, in contesti in cui l'attrazione di *çantacler* non agisce, al netto di *canto* v. 308 all'interno dei due distici esaminati. Proprio *canto* ci permette di aggiungere una riflessione sui processi rielaborativi della tradizione del *Rainaldo*, perché O raddoppia la sequenza dei due distici collocandola anche all'inizio del poemetto, nella costituzione delle parti, ai vv. 49-52:

Ben sa-tu ch'e' son chantacler:
li previi Deo chanto hi mester.

tutta diversa va ipotizzata per le occorrenze siciliane, per cui cfr. Riccardo Ambrosini, *Stratigrafia lessicale di testi siciliani dei secoli XIV e XV*, Palermo, Centro di Studi filologici e linguistici siciliani, 1977, pp. 56 e 64, in cui si sottolinea giustamente come sia rilevante la penetrazione di due prestiti galloromanzi riferibili al lessico ecclesiastico.

67. Cfr. Lomazzi, *Rainaldo e Lesengrino*, p. 91, che parla di «tipica grafia "francoveneta"».

68. Pertanto in O la variazione tra ‹c› e ‹ch› è libera, come si ricava anche dallo spoglio in successione: *chantacler* v. 11, *cantacler* v. 33, *chantacler* v. 49, *chanto* v. 50, *cantaor* v. 51, *chanto* v. 52, *chantacler* v. 99, v. 112, *cantacler* v. 299, *chantaor* v. 319, *chanti* v. 320, *chantacler* v. 321, *chanti* v. 322, *cantacler* v. 339.

Ben sa-tu ch'e' sun cantaor:
li previi Deo chanto li or.

In O sia *chanto* vv. 50 e 52 che *chanti* v. 322 destano forti perplessità se confrontati con il dettato privo di ambiguità di U, in cui *canto* è 1ª pers. sing. dell'indicativo presente.[69] Se la prima sequenza di O è congruente con la sequenza di U sia per l'ordine dei distici sia per l'articolazione del discorso riportato (il gallo si rivolge al Leone), l'innovazione si concentra proprio su *c(h)anto* e sulla probabile inserzione da parte di O del sintagma *li previi Deo* a partire dal distico seguente, che sviluppa ulteriormente i parallelismi dei due distici ma allo stesso tempo lascia un testo privo di coesione. Nella seconda sequenza di O, che presenta tra l'altro i due distici invertiti rispetto alla prima sequenza, il cambio nel discorso riportato (qui il Leone si rivolge al gallo) innesca anche il cambio di *chanto* in *chanti*, che è di nuovo problematico perché non pare persuasiva neppure l'interpretazione che si tratti di un congiuntivo presente in quanto la 3ª pers. sing. dei verbi della I coniugazione presenta regolarmente l'uscita *-e*.[70]

In margine, da un punto di vista filologico, ci si può chiedere se l'unità di scrittura *preuede* in U non sia da separare *preve De'* come in O, con il genitivo apreposizionale d'impronta francese.

Ma intorno a ‹ç›, in cui la cediglia cade in O di contro a *çantacler* e affini in U, o viceversa viene introdotta a fronte di un lemma non perspicuo come *curaor* in O sostituito da *çurador* in U (cfr. § 2.1), segnaliamo un caso in cui U potrebbe conservare un altro ircocervo francoveneto, finora non riconosciuto:

U, vv. 397-400
Dis Rainald: «Del cavriel,
ch'eo te batiçai l'autrer
bein te devres-tu arecordar,
ch'eo te 'l teni a batiçar».

O, vv. 410-413
Dixe Raynaldo: «De lo cavreo
che ge mis nom l'Agnelo
ben te dovrave arecordare:
tu sa' che 'l tigni al bateçare».

In O si ha *cavreo* "capretto", lemma ben diffuso nei testi settentrionali, da ricondurre al collettivo CAPRETUM.[71] Viceversa la forma *cavriel* di U appare isolata.[72] Alla luce della documentazione italiana antica, sembra lecito ipotizzare che

69. Cfr. già *Poeti del Duecento*, vol. I, p. 817: «3ª plurale? (ci s'aspetterebbe *-a*, strano anche *chanti* 320 e 322)». Viceversa Lomazzi interpreta rispettivamente *chanto* e *chanti* come 1ª pers. sing. e 2ª pers. sing. dell'indicativo presente (cfr. Lomazzi, *Rainaldo e Lesengrino*, p. 192).

70. Cfr. Lomazzi, *Rainaldo e Lesengrino*, p. 121.

71. Cfr. *TLIO s.v. capretto* in cui la voce raccoglie tanto le forme derivate da *capra* quanto quelle da CAPRETUM. Per le attestazioni specificamente venete, cfr. Lorenzo Tomasin, *Conti di Cato Cavopei (Chioggia, entro il 1275)*, in «Lingua e stile», 47 (2012), 2, pp. 185-219, a p. 213.

72. Lomazzi, *Rainaldo e Lesengrino*, p. 193 rinvia al lat. CAPREOLUS (*REW* 1649) e avanza dubitativamente l'ipotesi alternativa di un diminutivo di *cavréo*.

la forma sia un francesismo riconoscibile solo dal suffisso, "nascosto" dal ripristino dell'occlusiva velare sorda. Infatti il fr. *chevrel* lascia tracce significative – senza dubbio meno accidentali dell'attestazione nel *Rainaldo*, dove appare l'esito di una penetrazione tutta letteraria e culturale –, nell'Italia meridionale e in Sicilia, con sopravvivenze che arrivano fino a oggi.[73]

In U abbiamo quindi una forma occasionale, che fa tuttavia sistema con gli ircocervi analizzati sopra come *çantar* e simili, nonostante il fatto che le forme divergano proprio per il trattamento di /ʧ/ nei lemmi francesi corrispondenti *chanter* e *chevrel*.

Passando dal livello grafico-fonetico a quello fonomorfologico, la più evidente interferenza di matrice francese riguarda gli infiniti della I coniugazione, che ammettono anche una desinenza *-er* a lato di *-ar(e)*. Come già anticipato nel § 1, O mostra un più ampio accoglimento di questi infiniti, sia sul piano quantitativo – se non abbiamo visto male, 39 esempi in O contro 26 in U –, sia sul piano qualitativo, perché in O il tratto s'infiltra anche all'interno del verso in 8 occorrenze, mentre in U la desinenza *-er* è solo esposta in rima.[74] Quanto a questa tendenza alla conservazione in O, nel complesso inerziale, si possono evidenziare tra gli infiniti in *-er* da un lato una forma come *eschanper* v. 95, unico esempio di prostesi con *e-*, che appare quindi un trapianto *ex abrupto*, dall'altro lato un'occorrenza, in verità *hapax*, dell'infinito di matrice oitanica ma privo di apocope come *entrere* v. 271 in rima con *torner*.

Al contrario in U potrebbero rientrare meno nell'ipercorrettismo che nell'ipercaratterizzazione gli infiniti con desinenza *-ier* (*intrier* : *verier* vv. 444-445, *orier* : *cel* vv. 518-519).[75]

Una tendenza simile si rintraccia anche per le forme palatalizzate *noit* / *noite* / *noyte*, da interpretare senz'altro come francesismi, com'è dimostrabile a par-

73. Cfr. Tobler-Lommatzsch *s.v. chevrel*, Godefroy compl. *s.v.*, *DMF s.v. chevreau*. Per i testi italiani antichi, cfr. Cella, *I gallicismi*, p. 363 e *TLIO s.v. ciavrello* con attestazioni nel *Regimen sanitatis* napoletano (cfr. Adolfo Mussafia, *Mittheilungen aus romanischen Handschriften. I. Ein altneapolitanisches "Regimen sanitatis"*, in «Sitzungsberichte der Kaiserlichen Akademie der Wissenschaften in Wien», 106 (1884), pp. 507-626, *çiabrelli* v. 97, *çabrelli* vv. 265 e 288, ma si veda anche, oltre il limite del secolo XIV, Loise De Rosa, *Ricordi*, edizione critica del ms. Ital. 913 della Bibliothèque nationale de France, a cura di Vittorio Formentin, 2 voll., Roma, Salerno, 1998, vol. II, p. 741 con ulteriori riferimenti bibliografici) e in testi siciliani, tanto letterari quanto pratici (cfr. Ambrosini, *Stratigrafie*, p. 53; *Testi d'archivio del Trecento*, a cura di Gaetana Maria Rinaldi, 2 voll., Palermo, Centro di Studi filologici e linguistici siciliani, 2005, vol. II, pp. 366 e 516; *VSES s.v. ciavaréddu*). La sopravvivenza del francesismo nell'Italia meridionale e in Sicilia è recuperabile anche da *AIS* 1081 nonostante una forte regressione rispetto al diminutivo *capretto*. Sono da separare le attestazioni toscane con il significato di "capriolo", per cui cfr. Paolo Squillacioti, *Gallicismi e lessico medico in una versione senese del* Tesoro *toscano (ms. Laurenziano Plut. XLII 22)*, in «Studi di lessicografia italiana», 25 (2008), pp. 15-44, a p. 28.

74. Dal nostro spoglio non abbiamo considerato nessuna delle occorrenze di *lavorer*: i due esempi interpretati come infiniti in Lomazzi, *Rainaldo e Lesengrino*, p. 199 potrebbero essere ricondotti a *lavoriero* a causa del parallelismo con *lavor* e *suor*: «Retei'-te, Rainald, de lavorer, / e lasa star lo reo mestier; / retei'-te, Rainald, de to lavor, / e non eser plu scacador!» U vv. 363-366; «Retente, Raynaldo, de lavorer, / e laga star li re' mester; / retente, Raynaldo, de to suor, / e no siar may schacaor» O vv. 376-379.

75. Cfr. ivi, p. 97, in cui Anna Lomazzi rinvia opportunamente a casi analoghi nei testi francoveneti. Meno significativo *brusier* v. 256 perché potrebbe dipendere da -SJ-.

tire dalla distribuzione tra esiti con -CT- › *-it-* e con -CT- › *-t-*:[76] infatti O, di più che probabile copia ferrarese, presenta le forme palatalizzate sia in rima sia all'interno del verso, mentre U alterna i due esiti destinando le forme palatalizzate alla posizione di rima e viceversa quelle non palatalizzate all'interno del verso. Se si incrociano questi dati con le attestazioni delle forme con palatalizzazione nei poemetti giacominiani testimoniati dai due codici – O nel *De Ierusalem* reca sempre l'esito *-it-*, mentre U nel *De Ierusalem* e nel *De Babilonia* riporta di regola l'esito *-t-* –, si ricava la conferma di un'opposizione di tendenza tra il copista di O, conservativo se non passivo nei confronti del modello, e il copista-*editor* di U dotato di maggiore spirito critico, per la capacità di annettere un valore stilistico alla forma *noit(e)* in quanto francesismo.[77]

3.2. *Espressioni del piacere: da* desdoit *a* deport

Una dinamica adattiva simile si riscontra a livello propriamente lessicale proprio a fronte della sola altra attestazione dell'esito palatalizzato nella tradizione del *Rainaldo*, cioè *desdoit*.

Il tasso Gilberto, incaricatosi del ruolo di procuratore di Rainaldo, giunge al castello della volpe. L'edificio è così descritto:

O, vv. 94-99
Quindexe porte à per entrer
e altretante per eschanper;
el è ben perchaçà la noite
de mançer a gran desdoit,
sete galine e un chapon
e un chantacler ch'è bel e bon.

U, vv. 130-137
Bein XV porte elo à d'andar
e bein quaranta onde el pò scanpar;
el è bein percaçà la noit
del mançar a grant deport,
sette galline, cinque caponi
e doi çantacler grosi e boni

76. Sul problema dell'emersione di forme palatalizzate in area veneta, cfr. *Testi veneziani del Duecento e dei primi del Trecento*, a cura di Alfredo Stussi, Pisa, Nistri-Lischi, 1965, p. XXXIV nota 23; Bertoletti, *Testi veronesi*, p. 190; *Il manoscritto Saibante-Hamilton 390*, edizione critica diretta da Maria Luisa Meneghetti, coordinamento editoriale di Roberto Tagliani, Roma, Salerno, 2019, pp. 383 e 436, in particolare nota 54.

77. Occorre ricordare che proprio il corpus "paragiacominiano" trasmesso dal Marciano è il principale collettore di forme con esito palatalizzato in area veneta (cfr. Bertoletti, *Testi veronesi*, p. 190, che alla luce dell'assenza di riscontri nei testi documentari veronesi opta per l'interpretazione delle forme come «occidentalismi della koinè settentrionale» secondo la proposta di Alfredo Stussi in *Testi veneziani*, p. XXXIV nota 23). Questo lo spoglio per i nostri codici: O, *De Ierusalem*: *noite* v. 82 f. 2r, v. 114 f. 3r, *noyte* v. 139 f. 3r, *noite* v. 211 f. 4v; U, *De Ierusalem*: *note* v. 82 f. 40r, v. 114 f. 41r, v. 139 f. 41r, v. 211 f. 42v; *De Babilonia*: *note* v. 55 f. 44v, v. 132 f. 46r (in rima), v. 164 f. 46v, v. 245 f. 48r, v. 284 f. 49r.

ch'el aveva portà de la noit
per aver so grant seçorn.

Con ogni probabilità O conserva il gallicismo originario *desdoit* "piacere" come suggerisce anche la rima perfetta, degradata in assonanza in U (*noit* : *deport*), ma ciò che importa è che U introduce "a colpo d'occhio" (cfr. § 2.1) un sinonimo del prestito non adattato *desdoit* senza eliminare la sua funzione stilistica perché sostituisce il gallicismo con un altro, *deport*, più comune come si ricava da un'analisi della documentazione italiana antica del *Corpus OVI*.[78]

Il lemma *disdotto* si distribuisce in tradizioni ben definite: la poesia didattico-morale dell'Italia settentrionale (*Proverbia*, Uguccione da Lodi, Ugo di Perso); la linea della lirica cortese dalla scuola poetica siciliana fino a Chiaro Davanzati passando per Bonagiunta e Guittone, rimanendo quindi al di qua dello stilnovo; la tradizione laudistica arcaica tra Umbria e Toscana (Jacopone del *Laudario Urbinate* e le *Laude cortonesi*). Nel XIII secolo *disdotto* è quindi esclusivo del linguaggio poetico, mentre nel XIV secolo compare anche in alcune traduzioni dal francese, dirette o indirette, come il volgarizzamento senese della riduzione in prosa del *Roman de Troie* di Benoît de Sainte-Maure ("*Prose* II") da parte di Binduccio dello Scelto, della *Somme le Roi* da parte di Zucchero Bencivenni, da cui dipende una versione siciliana ancora trecentesca, e fuori di Toscana il *Tristano Corsiniano* di area veneta. Pertanto in prosa *disdotto* sembra non uscire dal circuito dei testi di traduzione. D'altra parte i dizionari storici non documentano una sua prosecuzione oltre il XIV secolo, a testimonianza della sua posizione di gallicismo arcaico presto caduto in disuso.[79]

Nel XIII secolo il lemma *diporto* condivide con *disdotto* gli stessi ambiti di diffusione, anche se con un'attestazione ben più ampia, ma a differenza di *disdotto* vince la lotta per la sopravvivenza nel XIV secolo, quando si afferma anche nella prosa, non solo nei testi di traduzione. In particolare trova ampia accoglienza in Boccaccio, tanto in poesia, quanto in prosa, in particolar modo nel *Decameron*.

L'operazione di U appare alquanto raffinata. Non solo infatti *desdoit* è sostituito da *deport*, ma con l'aggiunta di un distico il nuovo gallicismo fa coppia a distanza con un altro gallicismo, questa volta semantico, *seçorn*, in cui il lemma *soggiorno* assume un significato caratteristico del francese ("divertimento", "piacere") ampliando così la gamma dei suoi significati.[80]

In O il gallicismo semantico torna per questa stessa famiglia lessicale nella seconda sezione del poemetto, senza una corrispondenza in U, almeno per il v. 491:[81]

«Comadre cavra», ço dis Raynaldo,
«vu me'n farì molto mala parte:

78. Cfr. inoltre Cella, *I gallicismi*, pp. 389-390, *TLIO s.v. disdotto*[1] e *diporto*.
79. Cfr. *TB s.v. disdotto*[2] e *GDLI s.v. disdotto*[2].
80. Cfr. Lomazzi, *Rainaldo e Lesengrino*, pp. 207-208.
81. Cfr. *Poeti del Duecento*, vol. I, p. 831, che glossa "godere".

vu savì ben l'erba mançer,
e' no me'n posso miga soçorner».

3.3. *Parole di giustizia: tra inerzia e rielaborazione*

Si è detto che una delle componenti lessicali più insistenti del poemetto rimonti al lessico del diritto. Vedremo ora come questa componente si intersechi con il diverso accoglimento dei francesismi nelle due redazioni, che mostrano un distinto profilo di fronte alla patente obsolescenza di alcuni lemmi. All'interno del dibattimento, Rainaldo si difende rivolgendosi al Leone sfoggiando in successione una terminologia giuridica, conservata nel solo O, di comprensione davvero ardua per un lettore ignaro di francese:

O, vv. 333-336
Le poestà dovrave intendere
e le apreso[n] dovrave respondere
e le rexocion scolter
e le sentencie debuter.

U, vv. 325-328
La podestà dé' bein intender
e l'appellason inprendre
e la rason bein ascoltar
e dreta sentencia debia dar.

Secondo i suggerimenti di Avalle riportati nella *Nota al testo* dei *Poeti del Duecento*, *apreson* dipende dal fr. *aprison* "inchiesta fatta d'ufficio", *rexocion*, documentato già al v. 284 («e s'el ge responderà nexon, / e' no 'l tegno per rexoncion»), è il fr. *resomption* "riassunzione (di un processo)", e lo stesso *debuter* ha un'accezione giuridica nel contesto trattandosi del fr. *debouter* "rigettare", "respingere".[82]

Nella documentazione italiana medievale raccolta nel *Corpus OVI apreson* e *rexocion* / *rexoncion* sono esclusivi della sola redazione O.[83] Per *debuter*, invece, si possono rintracciare pur scarse attestazioni, tutte in traduzioni dal francese fortemente orientate sulla lingua di partenza, come i *Fatti dei Romani* e il volgarizzamento del *Defensor pacis* di Marsilio da Padova (che passa attraverso un intermediario francese perduto).[84]

82. Cfr. ivi, vol. II, p. 853. Per *aprison*, cfr. Tobler-Lommatzsch *s.v.* ma anche il corradicale *aprise* (cfr. Godefroy *s.v.* e *DMF s.v. apprise*). Per *resomption*, cfr. Godefroy *s.v.*

83. Cfr. anche *TLIO s.v.*

84. Cfr. *Li fatti de' Romani. Edizione critica dei manoscritti Hamilton 67 e Riccardiano 2418*, a cura di David P. Bénéteau, Alessandria, Edizioni dell'Orso, 2012, p. 458: «Poscia che tutto il mondo dibutta Pompeo» nel significato di "respingere" per traduzione di *debout*; Marsilio da Padova, *Defensor pacis, nella traduzione in volgare fiorentino del 1363*, a cura di Carlo Pincin, Torino, Fondazione Luigi Einaudi, 1966, p. 587 con una decina di riscontri, alcuni in accezione giuridica, come per es. «E·lla terza instanza puote di leggiere essere dibuttata per le cose già·ddette» (Marsilio da Padova, *Defensor pacis*, p. 74 per traduzione indiretta del lat. *repello*).

A fronte di questa serie, U riadatta la trama lessicale puramente inerziale di O sopprimendo i francesismi secondo processi di sostituzione che partono ancora una volta da corrispondenze “al colpo d’occhio” nel processo di lettura-scrittura (cfr. § 2.1): *apreson* è convertito in *appellason* sulla serie di lemmi in *-son(e)* di natura giuridica (in U: *comandason*, *demandason*, *lementason*; in O: *condanason*, *manlevason*, *obligason*), innescando a sua volta lo scambio di *respondere* con *inprendre*; *rexocion* è rimpiazzato da *rason*; infine *debuter* è eliminato all’interno di una riformulazione che ribalta il significato dell’enunciato in quanto le *sentencie* non sono più rigettate, ma diventano la *dreta sentencia* che l’autorità *debia dar* – in cui si noterà di nuovo l’affinità a livello grafico-fonetico tra *debuter* e *debia dar*.

3.4. *Per una caratterizzazione lessicale di O e U*

Dai sondaggi sui francesismi nella tradizione del *Rainaldo* emerge una divaricazione piuttosto netta tra i profili redazionali di O e U: nell’àmbito dei testi italiani antichi, entrambi sono tra i collettori più generosi di lessico di ascendenza francese. Tuttavia in O il fenomeno appare tendenzialmente inerziale, allo stesso modo in cui a livello strutturale il trapianto del *Rainaldo* nella tradizione dei poemetti didascalici e devozionali è avvenuto per giustapposizione, senza un intervento diretto sulla struttura del testo volto a dare coerenza all’operazione (cfr. § 1.1). In U invece l’accoglimento dei francesismi appare in genere mediato dalla consapevole attribuzione di un valore e di una funzione stilistici, tanto che in qualche caso lo stesso francesismo può essere rigettato o più spesso graduato in forza di questa istanza grazie alla sostituzione con un francesismo più corrente o alla sua distribuzione in base alla posizione nel verso (cfr. §§ 3.2-3.3).

Jacopo Garzonio

Alcune note sulla lingua del *Rainaldo e Lesengrino*

1. *Introduzione*

In questo contributo, che vuole anche essere un approfondimento del commento linguistico del *Rainaldo e Lesengrino* curato da Anna Lomazzi all'interno della sua edizione critica,[1] tratterò alcuni aspetti della morfosintassi e della sintassi delle due versioni del testo con l'obiettivo di darne una descrizione dettagliata e anche di condurre un confronto con altri testi grossomodo coevi di area veneta. Tale confronto, pur nella consapevolezza della problematica localizzazione esatta delle due versioni, permette quantomeno una "collocazione linguistica" dei tratti morfologici e sintattici dell'opera, che possono aggiungersi a quelli fonologici e lessicali, già sistematicamente analizzati da Lomazzi.

Il contributo è organizzato come segue: nella sezione 2 approfondisco le caratteristiche morfosintattiche dei pronomi soggetto di terza persona; nella sezione 3 discuto il sistema della negazione, soprattutto in relazione al fenomeno della concordanza negativa e alla distribuzione dei pronomi o determinanti indefiniti corrispondenti a *nessuno* e *alcuno*; nella sezione 4 descrivo il tipo di reggenza di alcune preposizioni lessicali, concentrandomi sull'alternanza tra *a*, *di* o l'assenza di una preposizione funzionale (o, in altri termini, semplice) per introdurre il complemento del sintagma preposizionale; la sezione 5 contiene alcune riflessioni conclusive.

Come nel commento di Lomazzi, indico le due versioni con O (il codice Canoniciano it. 48 della Bodleiana di Oxford) e U (il codice 26 della Biblioteca Arcivescovile di Udine).

2. *I pronomi soggetto di terza persona*

Per quanto riguarda la forma dei pronomi personali soggetto, Lomazzi individua le forme che riassumo nel seguente schema:[2]

(1) I pers. sing *eo*, *e'*, *io* (solo in U)
II pers. sing. *tu*

1. Anna Lomazzi, *Rainaldo e Lesengrino*, prefazione di Gianfranco Folena, Firenze, Olschki, 1972, pp. 79-142.
2. Ivi, p. 115.

Caccia alla volpe. Studi sul Rainaldo e Lesengrino, a cura di G. Borriero, N. Giovè Marchioli.
ISBN 978-88-3313-979-1

III pers. sing.	*el, l', el(l)o, el(l)a*
I pers. plur.	*nui, noe* (solo in O), *noi* (solo in O)
II pers. plur.	*vui* (solo in U), *voe* (solo in O), *voi* (solo in O), *vo'* (solo in O)
III pers. plur.	*i, ili, li*

Come si può vedere e come nota la studiosa, non si è generalizzato ancora l'uso delle forme oggetto/oblique, tranne che in due casi di coordinazione: *eo e ti* (O 138), *mi e vu* (O 434). Da questo punto di vista la lingua è conforme al sistema veneto testimoniato, per esempio, nei testi documentari padovani editi da Tomasin, che nota:

> Quanto alle forme soggettive di 1a persona, si ha *mi* (in un caso l'epitetico *mie* 2.60r.8) in coordinazione con altri soggetti e in seconda posizione (*yo speto de fa re Francescho e mi uno servisio* 36.4r.30), o accompagnato da un nome proprio ad esso apposto (*mi Pavano* 47.2, 4, 5, tot. 9).[3]

Si possono fare ulteriori interessanti osservazioni sul sistema di terza persona singolare maschile. Come si può vedere, le due versioni del *Rainaldo e Lesengrino* presentano sia forme bisillabiche come *elo*, sia la forma monosillabica *el* e quella asillabica *l'*. Anche se le varietà venete non vedono lo sviluppo di un sistema di pronomi soggetto clitici almeno fino al Cinquecento,[4] va puntualizzato che l'alternanza tra le due possibilità (forma piena e forma ridotta) non segue unicamente fattori di contesto fonologico. In particolare, Garzonio, Rodeghiero e Rossi hanno discusso la distribuzione delle due forme in relazione all'opposizione tra soggetti argomentali/referenziali e soggetti espletivi (impersonali o di altro tipo).[5] Nei testi analizzati dagli autori emerge chiaramente che le forme ridotte *el/l'* sono fortemente collegate all'uso espletivo, tanto che ci sono testi in cui gli espletivi sono sempre ridotti (per esempio in testi di area veronese come il *Planctus*[6] e la *Passione*[7]), mentre altri testi comunque presentano una forma ridotta nella grande maggioranza dei casi. In tale contesto è notevole il fatto che alcuni testi veneziani non presentano questa sistematica distinzione basata su criteri sintattico-semantici. Per esempio, lo *Zibaldone da Canal*[8] presenta *ello* indipendentemente dalla funzione argomentale o espletiva, mentre la forma *el* si trova unicamente dopo

3. Lorenzo Tomasin, *Testi padovani del Trecento. Edizione e commento linguistico*, Padova, Esedra, 2004, p. 171.

4. Si vedano in merito Laura Vanelli, *I pronomi soggetto nei dialetti settentrionali dal Medio Evo a oggi*, in «Medioevo Romanzo», 12 (1987), pp. 173-211, e Cecilia Poletto, *Asymmetrical Pro-drop in Northern Italian Dialects*, in *Arguments and Agreement*, edited by Peter Ackema, Patrick Brandt, Maaike Schoorlemmer, Fred Weerman, Oxford, Oxford University Press, 2006, pp. 159-194.

5. Jacopo Garzonio, Sira Rodeghiero, Silvia Rossi, *I pronomi soggetto espletivi nelle varietà venete medievali*, in *Capitoli di morfosintassi delle varietà romanze d'Italia: teoria e dati empirici*, a cura di Annamaria Chilà e Alessandro De Angelis, Palermo, Centro di Studi filologici e linguistici siciliani, 2018, pp. 201-219.

6. *Planctus Magistrae Doloris. Volgarizzamento in antico veronese*, testo critico, note e commento linguistico a cura di Paolo Pellegrini, Berlin, De Gruyter, 2013.

7. *Passione veronese*, a cura di Paolo Pellegrini, Roma-Padova, Antenore, 2012.

8. *Zibaldone da Canal. Manoscritto mercantile del sec. XIV*, a cura di Alfredo Stussi, Venezia, Comitato per la pubblicazione delle fonti relative alla storia di Venezia, 1967.

che o *come*. Si confrontino i casi in (2-3) e (4-5), tratti rispettivamente dallo *Zibaldone* e dalla *Passione*: mentre nel testo veneziano la forma del soggetto è *ello* sia che si tratti di un soggetto argomentale come in (2) sia che si tratti di soggetti espletivi come in (3) (si noti che il secondo accompagna il soggetto argomentale postverbale *tempesta*), i due esempi tratti dalla *Passione* mostrano come in contesti analoghi (a inizio di frase dopo *et/ed*) un soggetto argomentale (si fa riferimento al padrone di casa del cenacolo) sia rappresentato dalla forma piena *elo*, mentre il soggetto espletivo in corrispondenza di un soggetto argomentale postverbale (*i Çudei*) si presenti come *el*. Gli altri due soggetti argomentali in (5) si presentano come *el* verosimilmente perché preceduti da *che/perché*, similmente a quello che si osserva nello *Zibaldone* per tutti i soggetti di terza persona.

(2) Item la chognosença del çençevro sì è a vederllo s'***ello*** è destesso e qu'***ello*** non sia crespo e sia solldo e grosso e sì se vuol çerchar a cortello s'***ello*** è salldo e blancho e lo pllu blancho è mior cha 'l negro (*Zibaldone da Canal*, p. 76).

(3) Ancora sapié che se lo Sol da doman per te(n)po serà pallido mollto, çiò sì è smorto in collor sì como blanchegno o çallegno, ***ello*** nde significha ch'***ello*** vegnirà tempesta in quello dí o alltro rio fortunal. (*Zibaldone da Canal*, p. 82).

(4) Et ***elo*** ve mostrarà un cenaculo, çoè uno logo; e iveloga aprestè (*Passione veronese* 20).

(5) Ed ***el*** veno i Çudei e tollo la croxo ço dela spala de Cristo, perch'el era così batù e flagellà ch'el no la poeva portar (*Passione veronese* 97).

La distribuzione delle forme di terza persona è una caratteristica molto interessante del *Rainaldo e Lesengrino*. Infatti, entrambe le versioni presentano una netta predominanza di *el*. Più precisamente, si trovano solo i seguenti casi di forme bisillabiche:

(6) Or l'asaie l'uno e l'altro / e per tera el buta stravolto; / or no se pò-***lo*** da lor partire, / ben è ***ello*** çerto de morir (O 738-741).

(7) ***Elo*** tegniva pledo e rason / sì com' re e grant signor (U 49-50).

Un primo elemento da sottolineare è che si tratta in tutti i casi di soggetti argomentali, mentre in tutti i contesti espletivi si trova regolarmente una forma ridotta (per esempio *Se Dio m'aì, dis lo Lion, el par che Rainald aibia rason*, U 289-290). Un altro elemento interessante è che in O le due forme *ello* e *-lo* (che va interpretato come la variante aferetica di *el(l)o*) sono entrambe in inversione col verbo, una costruzione abbastanza comune nel testo, correlata alla frase interrogativa, alla presenza della negazione o ad alcuni avverbi come *ben* in posizione preverbale.[9] Si noti anche che i soggetti espletivi in genere non si trovano in inversione. In (8a) si vede come, pur in presenza della negazione, *el* sia preverbale, diversamente da quello che si osserva per un contesto simile in (6).

(8a) ***El*** no serave vignù el meo tenpo / ch'eo dovese far sagramento, / ni an' che dovese a cort vegnir, / se vu lo volissi sofferrir (O 344-347).

9. Lomazzi, *Rainaldo e Lesengrino*, p. 126.

Dunque, si può dire che per quanto riguarda la distribuzione dei pronomi di terza persona, entrambe le versioni del *Rainaldo e Lesengrino* si comportano diversamente dai testi veneziani coevi o di poco più tardi, ma si avvicinano a testi di terraferma, come per esempio il frammento Papafava, il cosiddetto *Lamento della sposa padovana*,[10] in cui il soggetto di terza persona maschile (e quindi anche quello espletivo) presenta sempre la forma ridotta:

(8b) ***El*** no me pa[r] k'***el*** sia luitano, / tanto m'è el so amor prusimano. (*Lamento* 17-18).

Per quanto riguarda le forme di terza persona plurale, infine, va notato come la forma bisillabica sia ugualmente molto rara, con due sole occorrenze ravvicinate in O, in entrambi i casi dopo complementatore:

(9) Pertanto perdè li cani Raynaldo, / ch'***ili*** no sapeno guardare inn alto (O 786-787).

(10) Raynaldo serave ben preso e morto, / s'***ili*** in quela ora l'avesse colto (O 788-789).

Alla luce di quanto si è visto finora, il *Rainaldo e Lesengrino* conferma che il veneto medievale distingueva due serie di pronomi soggetto. Anche se i pronomi di terza monosillabici o asillabici appartengono alla serie ridotta (o debole), non sono comparabili con i clitici soggetto delle varietà moderne (per esempio precedono sempre la negazione e non raddoppiano mai un soggetto preverbale), ma non si può escludere che già in questa fase la specifica distribuzione dei pronomi soggetto espletivi abbia costituito una delle basi per lo sviluppo della serie clitica.[11]

3. *La concordanza negativa e l'uso degli indefiniti*

Il sistema della negazione è abbastanza stabile nelle varietà testimoniate dai testi veneti medievali: la frase viene negata da *no(n)* preverbale, e non sembrano esserci casi in cui sia obbligatoria la presenza dell'avverbio negativo postverbale (*miga*), come avviene invece in alcune varietà occidentali moderne. In generale *miga* è opzionale e la sua presenza è regolata da fattori pragmatici non troppo diversi da quelli che valgono in italiano per *mica*.[12] Che *miga* sia ormai del tutto grammaticalizzato e non venga utilizzato come minimizzatore semantico è dimostrato dal fatto che può ricorrere insieme a elementi nominali con questa funzione, come nel seguente esempio:

10. *Poeti del Duecento*, a cura di Gianfranco Contini, 2 voll., Milano-Napoli, Ricciardi, 1960, vol. I, pp. 802-809.

11. Su questo si veda anche Jacopo Garzonio, *Some Considerations on the Syntax of Expletive Subjects in Old Venetan and the Emergence of Subject Clitics*, in «Atti del Sodalizio Glottologico Milanese», n. s., 15 (in corso di stampa).

12. Si vedano Guglielmo Cinque, *Mica*, in «Annali della Facoltà di Lettere e Filosofia dell'Università di Padova», 1 (1976), pp. 101-112, e Diego Pescarini, Nicoletta Penello, *Osservazioni su* mica *in italiano e alcuni dialetti veneti*, in «Quaderni di lavoro dell'Atlante Sintattico d'Italia», 8 (2008), pp. 43-56.

(11) Se me volì tignir ben a raxon, / e' no ve prexio ***miga un speron***: / ché d'i cantacler, a mi sïente, / eo ne mançà' çà in tri mixi ben sete cento (O 338-341).

C'è però un fenomeno collegato alla sintassi della negazione che distingue i testi collocabili a Venezia rispetto a quelli di terraferma, la concordanza negativa.[13] Con questo termine si indica la presenza della marca standard di negazione di frase (quindi *no(n)* preverbale nel caso delle varietà venete) insieme a un altro elemento negativo, come un pronome o aggettivo indefinito, oppure un avverbio. Normalmente, tra le lingue che presentano il fenomeno, si distingue tra concordanza negativa stretta e non stretta. La concordanza non stretta è quella che, in ambito romanzo, si osserva in italiano o spagnolo, dove la negazione di frase accompagna un altro elemento negativo solo se questo si trova in posizione postverbale (per cui ci sono alternanze come *non è arrivato nessuno*, rispetto a *nessuno è arrivato*). La concordanza stretta si ha invece in quelle lingue come il romeno o le lingue slave, in cui la negazione di frase è obbligatoria indipendentemente dalla posizione dell'altro elemento funzionale negativo. In generale, il veneto medievale, come altre lingue romanze coeve,[14] ha un sistema di concordanza negativa stretta, per cui *no(n)* è presente anche quando l'altro elemento negativo è preverbale. Tuttavia c'è una differenza tra i testi veneziani e quelli di terraferma: nei primi la concordanza si applica con tutti gli elementi negativi, mentre nei secondi con gli indefiniti negativi preverbali *no(n)* può essere assente. Riporto alcuni esempi che mostrano questa differenza. Negli esempi (12-14), tratti da vari testi di area veneziana tra la metà del Duecento e l'inizio del Trecento, gli indefiniti negativi (sia nel loro uso pronominale che in quello di determinante accordato) sono accompagnati dal *no(n)* preverbale. Invece, negli esempi (15-17), tratti da testi collocabili a Padova e Verona tra la fine del Duecento e la fine del Trecento, gli indefiniti negativi preverbali sono da soli sufficienti per la codifica della semantica negativa e *no(n)* è assente.

(12) che ella debia sostengnir li me' redi, chossì cho' de' far mare e ***nesun no*** la possa despodestar ch'ela sia dona (*Cedola di Michele de Manbrun*, p. 137).[15]

(13) Mai saipie en verità ke a ***nesun***'altra persona del mondo ***no*** 'l consentirave, se no a ti (*Pamphilus*, p. 45).[16]

(14) Tutto io é perduto lo mio aver, / parenti e fijoly e muier: / ***niente non*** m'è romagnudo; / romaxo sum puovero e nudo (*Santo Stady* 1076-1079).[17]

13. Cfr. Jacopo Garzonio, *Old Venetan and the Typology of Negative Concord*, in «Journal of Historical Syntax», 5 (2021), 6, pp. 1-25.

14. Cfr. Ana Maria Martins, *Polarity Items in Romance: Underspecification and Lexical Change*, in *Diachronic Syntax: Models and Mechanisms*, edited by Susan Pintzuk, George Tsoulas, and Anthony Warner, Oxford, Oxford University Press, 2000, pp. 191-219.

15. *Testi veneziani del Duecento e dei primi del Trecento*, a cura di Alfredo Stussi, Pisa, Nistri-Lischi, 1965.

16. *Il Panfilo veneziano*, edizione critica con introduzione e glossario a cura di Hermann Haller, Firenze, Olschki, 1982.

17. Angelo Monteverdi, *Legenda de Santo Stady*, in «Studi Romanzi», 20 (1930), pp. 1-199. Cfr. anche *La legenda de Santo Stadi*, a cura di Mauro Badas, Roma-Padova, Antenore, 2009, p. 42.

(15) Eo no crerave altro consejo: / el vostro è bon, mai questo è mejo, / e questo me par de tegnire; / ***nexun*** me'n porave departire (*Lamento* 47-50).[18]

(16) Sapi che ***nesuna*** medexina çoa così in una apostematiom de l'oio, la qualle fi dita otalmia, cum fa el polleçuolo, quando el fi polvereçò, dapò che ello è seccò e metù in l'oio cum le aque apropriè in questo (*Serapiom*, p. 324).[19]

(17) tuti glorificai dal Segnor nostro, contemplando la soa figura, la quala resplendo plui ke sol nè luna e tant' è deletevolo da veer ke ***nesun*** homo de carno el po saver (*Giudizio Universale* 413-417).[20]

Questa differenza, anche se non raggiunge la sistematicità assoluta, è ben rappresentata nei testi veneti, e può quindi essere considerata un fattore abbastanza affidabile per separare i testi veneziani dagli altri.[21] Nel *Rainaldo e Lesengrino* ci sono diversi casi in cui un indefinito negativo si trova in posizione postverbale, per cui la presenza della negazione preverbale è comunque attesa:

(18) «Se Deo m'aì», dis Raynaldo, «altri qui / ***no*** responderà ***nesun*** per mi (O 282-283).

Nella versione di Udine si trova però anche un caso di indefinito preverbale accompagnato dalla negazione:

(19) ***Nuiom no*** diga mal d'altrui / che altri diga bein de lui; / chi vol dir ma' del so visin, / inprima inpense pur de si / e soa rason sì dé cercar, / e postra diga de altri mal (U 19-24).

In questo caso, dunque, il testo udinese sembra presentare un tratto che si riscontra nei testi lagunari, con l'indefinito complesso *nuiom*[22] accompagnato da *no*. Va però precisato che l'assenza di concordanza negativa nei testi di terraferma si ha in genere quando l'indefinito si trova nella posizione canonica di soggetto, mentre sono tollerati dei casi in cui *no(n)* emerge con indefiniti non soggetto preverbali oppure quando questi elementi sono collocati in posizioni enfatiche.[23] Un caso abbastanza chiaro si trova nel Lucidario veronese:

(20) Dunca ve' che çescaun serave pleno che ***nexuno*** plu ***no*** 'n vorave (*Lucidario*, p. 182).[24]

In (20) si osserva come l'indefinito pronominale soggetto preceda l'avverbio *plu*, che lo separa dal verbo flesso. Quest'ordine suggerisce che l'indefinito si

18. *Poeti del Duecento*, vol. I, p. 807.

19. *El libro agregà de Serapiom*, a cura di Gustav Ineichen, Venezia-Roma, Istituto per la collaborazione culturale, 1962-1966.

20. Adolfo Mussafia, *Monumenti antichi di dialetti italiani*, Vienna, Tipografia di Corte e di Stato, 1864, p. 68.

21. Come nota Jacopo Garzonio in *La concordanza negativa nel volgare veneto delle Origini*, in «Atti del Sodalizio Glottologico Milanese», n. s., 12 (2017 [2018]), pp. 43-57, l'unica tipologia di testi veneziani che si comporta in maniera differente e presenta in genere concordanza negativa non stretta generalizzata è quella dei capitolari (p. 47 nota).

22. Lomazzi, *Rainaldo e Lesengrino*, p. 117.

23. Garzonio, *Old Venetan and the Typology of Negative Concord*, pp. 17-18.

24. *Lucidario. Volgarizzamento veronese del XIV secolo*, a cura di Aulo Donadello, Roma-Padova, Antenore, 2003.

trovi in una posizione sintattica diversa da quella canonica, verosimilmente connessa alla focalizzazione o ad altri tipi di anteposizione pragmatica. Nel nostro caso tratto dal *Rainaldo e Lesengrino*, si può ipotizzare che *nuiom* sia similmente in una speciale posizione sintattica in cui riceve enfasi pragmatica, perché è separato dalla sua frase relativa, per cui la concordanza negativa è computata come se esso si trovasse in posizione postverbale.

Nell'ambito della codifica della negazione, un'altra caratteristica interessante da osservare è la distribuzione dei due diversi tipi di elementi indefiniti: quello derivato da **alicunum*, corrispondente all'italiano *alcuno*, e quello derivato da *ne(c) ipse unum*, corrispondente all'italiano *nessuno* (con la variante derivata da *ne(c) unum > neuno, neguno*).

I due tipi hanno origine e distribuzione diverse, ma competono in alcuni contesti non veridici, tra cui la frase negativa. In italiano, almeno in certi registri più formali, una frase come *non ho visto nessuno* e *non ho visto alcuno* sono sostanzialmente sinonime. Altri contesti non veridici in cui si possono trovare questi indefiniti sono la frase interrogativa, la protasi del periodo ipotetico e come secondo membro di comparativi superlativi. Tuttavia, ci può essere molta variazione diatopica e intertestuale per quanto riguarda i contesti ammessi. In generale la distribuzione segue linee implicazionali come quelle individuate da Haspelmath sulla base di un'ampia comparazione interlinguistica.[25] Nei testi veneti si notano alcune tendenze generali, per cui il tipo *alcuno* prevale nelle protasi del periodo ipotetico, mentre il tipo *nessuno/neuno* nel comparativo:

(21) E se tu me voi dir ***alguna*** causa, dila a mi tosto! q'elo me tien mo' altro pensero qe tu no sai (*Pamphilus*, p. 79).

(22) et se cià questo ben qu'ella me ha fato se io volessi sufrir lo so deshonor che a mio podher non la regrovrassi, io serave plui malvasio che ***nigun*** altro cavalier (*Tristano veneto* 263).[26]

Da questo punto di vista, il *Rainaldo e Lesengrino* è particolarmente interessante perché c'è un caso di *nessuno*, in questo caso nella forma *nexon*,[27] in periodo ipotetico (gli altri indefiniti collegabili al tipo *nessuno* in O sono tutti in frase negativa).

(23) «Se Deo m'aì», dis Raynaldo, «altri qui no responderà nesun per mi; e ***s***'el ge responderà ***nexon***, e no 'l tegno per rexoncion (O 282-285).

Questo uso di *nessuno* è assente in testi di area veronese e padovana, e anche tra i testi veneziani l'unico caso chiaro si trova nello *Zibaldone da Canal*:

(24) ***Se nexuna*** femena avesse briga cum lo marido in leto per fature, scrivi queste charatere in pan o in ostia e da'-lla a mançiar a lo marido e de prexente averà a far cum la mullier (*Zibaldone da Canal*, p. 92).

25. Martin Haspelmath, *Indefinite Pronouns*, Oxford, Oxford University Press, 1997.
26. *Il libro di messer Tristano («Tristano veneto»)*, a cura di Aulo Donadello, Venezia, Marsilio, 1994.
27. Lomazzi, *Rainaldo e Lesengrino*, pp. 117 e 166 con relativa nota.

Va detto che nello *Zibaldone* anche il tipo *alcuno* si può trovare in questo contesto, anche in sezioni testuali analoghe a quella dell'esempio (24), come in (25):

(25) Sapié che le cosse ch'è in la persona de lo avolltor sì come i(n) prima li piè de l'avolltor, ***se allguna*** persona abia doia in li piè, ponamo ello te dolle lo pè senestro, et tu dies tuor lo pè destro de l'avolltor e ligallo a lo pè senestro per lo contrario. Incontenente tolle via la doia (*Zibaldone da Canal*, p. 90).

Nel *Rainaldo e Lesengrino*, invece, il tipo *alcuno* è raro, poiché è assente in O, e ha due occorrenze in U, una delle quali, tra l'altro, proprio in un periodo ipotetico secondo la tendenza generale dei testi veneti.

(26) De ço no responda negun per mi, ch'eo no li prego, si Deo m'aì: ***se*** 'l dé responder ***algun*** baron, eo no la tegnerò per responsion (U 317-320).

Da questo punto di vista, dunque, le due versioni si discostano tra loro, al che va aggiunta l'osservazione che solo U presenta le forme derivate da *nullus* e da *ne(c) unum*,[28] più comuni nei testi veneti del Duecento e via via più rare nei testi successivi. Anche se questi dati non permettono ovviamente di collocare con precisione le due versioni, credo che si possano interpretare come possibile indice di una maggiore tendenza arcaizzante nella versione U, confermata da altri fattori come per esempio la morfologia dell'articolo determinativo, che in O presenta più casi della forma innovativa *el* rispetto a *lo* (come si osserva per esempio nei seguenti contesti comparabili (dopo *entro* e prima di consonante): *che Raynald trovò la noite, col dente sì ge trase l'ala d'entro* ***el*** *ventre*, O 39-40, rispetto a *E li cagnon sì l'aldì, entro* ***lo*** *bosco eli salì*, U 657-658).[29]

4. *La reggenza delle preposizioni lessicali*

In questa sezione prendo in esame la reggenza delle preposizioni lessicali. Più precisamente, considero la variazione nella preposizione funzionale che introduce il complemento del sintagma preposizionale. Questo aspetto sintattico presenta un alto grado di variazione nel panorama italo-romanzo, ma è utile tracciare alcune linee generali introduttive.[30]

Un primo elemento da notare è che, salvo casi specifici che riguardano particolari preposizioni lessicali, ci sono in genere tre scelte possibili: il complemento è introdotto da *a*, da *di* (o anche *da* in alcune varietà che tendono a non distinguere le preposizioni genitivali), oppure non è introdotto da una preposizione funzionale ma segue immediatamente la preposizione lessicale. In italiano le tre strategie, tutte attestate, possono essere esemplificate da casi come *sopra al tetto*, *verso di me*, *sotto il letto*. In realtà la scelta della strategia di reggenza adottata non è libera ma dipende da almeno due fattori: un fattore lessicale, dipendente cioè

28. Ivi, p. 117.
29. Ivi, p. 114.
30. Jacopo Garzonio, Silvia Rossi, *AxParts and Case in Complex PPs: Microvariation in Italian Dialects*, in *Variation in P. Comparative Approaches to Adpositional Phrases*, edited by Jacopo Garzonio and Silvia Rossi, Oxford, Oxford University Press, 2020, pp. 84-113.

dalla particolare preposizione coinvolta, e un fattore contestuale che riguarda lo status categoriale del complemento. Infatti, anche in italiano si può osservare che quando il complemento è costituito da un sintagma nominale completo, alcune preposizioni lessicali selezionano opzionalmente *a* oppure nessuna preposizione (*sotto il letto*, ma anche *sotto al letto*), ma se il complemento è un pronome, la scelta è tra *a* e *di*, mentre è esclusa la possibilità di non avere una preposizione funzionale (*sotto a noi / sotto di noi*, ma non **sotto noi*).[31]

Mentre l'italiano standard presenta un quadro piuttosto articolato, derivato verosimilmente dal sovrapporsi di sistemi diversi che emergono in maniera più chiara a livello di italiano regionale, le varietà italoromanze hanno sistemi più coerenti, in cui le diverse preposizioni lessicali tendono ad avere un comportamento uniforme. Per esempio, molte varietà venete moderne hanno un sistema in cui le preposizioni lessicali non presentano una preposizione funzionale se il complemento è un sintagma nominale complesso, e selezionano *de* se si tratta invece di un pronome;[32] invece, nelle varietà meridionali intermedie le preposizioni lessicali presentano *a* o nessuna preposizione con i sintagmi nominali e sempre *a* con i pronomi.[33]

Anche le varietà venete medievali presentano un quadro abbastanza uniforme, in cui però è particolarmente interessante analizzare nel dettaglio il comportamento delle singole preposizioni lessicali,[34] che rappresenta un utile strumento di confronto tra testi. In generale, il veneto medievale mostra di avere un sistema simile a quello delle varietà moderne (nessuna preposizione con i sintagmi nominali completi e *de/da* con i pronomi, uso raro di *a*), anche se ci sono singole preposizioni con un sistema di reggenza specifico (per esempio sempre *de/da* indipendentemente dal tipo di complemento) e, fattore ancora più interessante, ci sono singoli testi con sistemi eccentrici, che potrebbero nascondere l'influsso di modelli linguistici diversi (per esempio il toscano).

4.1. *I tipi* dinanzi *e* davanti

Entrambi i tipi *dinanzi* e *davanti* sono presenti nelle due versioni del *Rainaldo e Lesengrino*. Ci sono tuttavia alcune differenze che mi pare utile evidenziare. Partendo dal tipo *dinanzi*,[35] va detto che in O c'è un'unica occorrenza, con la selezione di *da* in presenza di un complemento pronominale.

(27) M'e' me lamento de l'asolto, / ch'ela me volse prendere a torto, / com'ela confessà ***denançi da*** ti (O 290-292)

In U, invece, è il tipo prevalente, ma la reggenza è diversa perché si trovano sia *a* che nessuna preposizione, anche con complemento pronominale:

31. Luigi Rizzi, *Il sintagma preposizionale*, in *Grande grammatica italiana di consultazione*, a cura di Lorenzo Renzi *et al.*, 3 voll., Bologna, il Mulino, 1988, vol. I, pp. 507-531.

32. Garzonio, Rossi, *AxParts and Case in Complex PPs*, pp. 99-101.

33. Ivi, pp. 105-107.

34. Jacopo Garzonio, Silvia Rossi, *Le preposizioni complesse nei volgari veneti delle Origini*, in «L'Italia dialettale», 81 (2020), pp. 245-275.

35. Gerhard Rohlfs, *Grammatica storica della lingua italiana e dei suoi dialetti*, 3 voll., Torino, Einaudi, 1966-1969, vol. III. *Sintassi e formazione delle parole*, § 837.

(28) sì venne ***dananti*** lo Lion / e sì disse saviamente (U 93-94).

(29) A chi 'l peis et a chi e' se 'n caia, / la cavra à 'l furment e la paia / e la semença del so signor / tuta ***dananti a*** lo Lion (U 683-686).

(30) Molte false lementason / se fai ***ananti*** vui, baron (U 245-246).

Confrontando le due versioni con gli altri testi veneti, l'esempio di O mostra la strategia più diffusa, poiché il tipo *dinanzi di* è il più comune con i pronomi in tutta l'area veneta, mentre il sistema di U è sicuramente diverso da quello dei testi propriamente veneziani, nei quali la reggenza con *a* è praticamente assente. Bisogna aggiungere che la strategia senza preposizione funzionale (come in (28) e (30)) è assente nei testi padovani più tardi, come il *Serapiom*, per cui anche da questo punto di vista U mostra un tratto arcaizzante.[36]

Il tipo *davanti*[37] è il più comune in O, ma ci sono tre occorrenze anche in U. In entrambe le versioni la preposizione seleziona direttamente il complemento senza il tramite di una preposizione funzionale:

(31) Molte false lamentaxon / fi fate ***davant*** vu, baron (O 65-66).

(32) Molte false lementason / se fa ***davanti*** vui, baron (U 98-99).

Questa distribuzione è in linea con quanto si osserva nei testi veneziani ma anche in quelli veronesi, dove in genere è assente una preposizione funzionale dopo *davanti* anche con i pronomi, come in (33-34).

(33) ***Davanti*** luy se inçenoglerà (*Santo Stady*, 2766).[38]

(34) contemplando la Soa radïante figura, / la qual tant è serena e clara e munda e pura, / ke la luna e lo sol, segundo la scriptura, / e· lle stelle del celo ***davançi*** Lui s'ascura (*De Ierusalem Celesti*, 175-178).[39]

Si nota, dunque, come le due preposizioni, pur avendo semantica simile se non identica, presentino un sistema di reggenza diverso, con numerosi confronti nei testi coevi o di poco più tardi. Inoltre, si può osservare che U preferisce il tipo *dinanzi* rispetto a *davanti*, una tendenza abbastanza comune nei testi padovani, nei quali *davanti* è usato molto raramente.[40]

4.2. *Il tipo* (in)verso

La preposizione *verso/inverso*,[41] spesso ridotta a *ver* nel veneto medievale, si trova in entrambe le versioni del *Rainaldo e Lesengrino* (nella forma estesa *inver* in U), con lo stesso sistema di reggenza senza alcuna preposizione funzionale. Riporto due casi in (35-36):

36. Cfr. Garzonio, Rossi, *Le preposizioni complesse nei volgari veneti delle Origini*, p. 258.
37. Rohlfs, *Grammatica storica della lingua italiana e dei suoi dialetti*, vol. III, § 834.
38. Monteverdi, *Legenda de Santo Stady*, p. 122. Cfr. anche Badas, *La legenda de Santo Stadi*, p. 100.
39. *Poeti del Duecento*, vol. I, p. 634.
40. Garzonio, Rossi, *Le preposizioni complesse nei volgari veneti delle Origini*, p. 259.
41. Rohlfs, *Grammatica storica della lingua italiana e dei suoi dialetti*, vol. III, § 817.

(35) E Lisengrino sì se nn'irà, / ***ver'*** la cavra corando se 'n va (O 727-728).

(36) Rainald se pia ad una rama, / dreça la coda ***inver*** la montagna. / E li cagnon oltra se torna (U 668-670).

La strategia senza preposizione funzionale con i sintagmi nominali si trova regolarmente nei testi di area veneta, i quali mostrano variazione solo per quanto riguarda i complementi pronominali (contesto assente nel *Rainaldo e Lesengrino*).

4.3. *Il tipo* appresso

Per quanto riguarda il tipo *appresso*,[42] si possono fare alcune osservazioni sulla versione U, poiché in O la preposizione è assente ed è sostituita dalla preposizione semplice *a* nei contesti appropriati. Per quanto riguarda le occorrenze in U, si tratta di due casi in cui la reggenza è costruita mediante la preposizione funzionale *de*, come si può osservare in (37):

(37) Or semo ***apresso de*** la cort, / grant paura ai de la mort: / in corte semo de lo Lion, / che sé imperier e grant baron (U 206-209).

Questa preposizione presenta di norma nei testi veneti medievali la reggenza con *de/da* con i complementi pronominali e nessuna preposizione con i sintagmi completi, anche se *de/da* non è raro con questi ultimi, soprattutto in area padovana:

(38) La herba de questo gram se truova in li luogi umbroxi e ***apresso de*** le raìxe de li arbori grande in li luogi humidi (*Serapiom*, p. 90).[43]

Bisogna comunque sottolineare che, esattamente come avviene con il tipo *(in)verso*, non ci sono casi di reggenza con *a*, che non mancano in altri testi la cui collocazione risulta più problematica (per esempio il *Tristano veneto*, che inoltre ha molte occorrenze di *apresso* usato con valore comitativo).[44]

4.4. *Il tipo* (d)entro

Per quanto riguarda il complesso di preposizioni corrispondenti all'italiano *dentro*,[45] si può dire che le due versioni del *Rainaldo e Lesengrino* si comportano in maniera uniforme. Un primo fatto da notare è che *dentro* ha solo uso avverbiale (o, in altri termini, intransitivo), mentre con un complemento si trova solo la forma *entro* (o altre varianti senza la dentale iniziale riconducibile al latino *de*).[46]

(39) ***dentro*** e' no poti entrere / né de fora poti torner (O 272-273).

(40) uncha no poti ***dentro*** entrar, / ni de fora no poti tornar (U 275-276).

42. Rohlfs, *Grammatica storica della lingua italiana e dei suoi dialetti*, vol. III, § 825.

43. *El libro agregà de Serapiom*, p. 90.

44. Garzonio, Rossi, *Le preposizioni complesse nei volgari veneti delle Origini*, pp. 262-263.

45. Rohlfs, *Grammatica storica della lingua italiana e dei suoi dialetti*, vol. III, § 835.

46. Si tratta di un'alternanza abbastanza comune, per cui la forma della preposizione lessicale con *di* visibile o puramente etimologico è usata avverbialmente, mentre la forma semplice come preposizione propria (per esempio, in italiano, *cadere di sotto* rispetto a *cadere sotto al tavolo*).

Inoltre, in tutte le occorrenze, la preposizione lessicale non è seguita da alcuna preposizione funzionale, esattamente come avviene nel resto dei testi veneti (41-42). Per quanto riguarda la presenza di un complemento pronominale, l'unico caso rilevante, in cui *entre* corrisponde semanticamente a *tra* dell'italiano, presenta ugualmente la strategia senza preposizione lessicale, un tratto che differenzia la versione O dai testi veneziani in cui si può trovare *de* con i pronomi (44).

(41) La chavra ***entro*** la vila entrà, / Raynaldo de fora da la vila sta (O 459-460).

(42) E Rainald ***intro*** un bosceto se caçà, / su in un arbor sì montà, / sì ch'el vé e bel e çent / là o' è la paia e 'l furment (U 627-630).

(43) E' te vorave parole dir, / che noe avemo ***entre*** nu a partire (O 106-107).

(44) La elly s'asentà comunalmente / su l'erba verde, tuta quella çente; / poy començà a raxonar / ***entro da*** lor e devixar (*Santo Stady* 2706-2709).[47]

4.5. *Il tipo* sotto

L'ultimo caso che, seguendo la casistica analizzata da Garzonio e Rossi,[48] prendo in esame è quello di *sotto*.[49] Ci sono in tutto quattro occorrenze tra le due versioni del *Rainaldo e Lesengrino*, e in tutte la preposizione lessicale precede un complemento non pronominale senza la mediazione di una preposizione funzionale.

(45) sì ve coven mego vignire / e stare en l'ara ***soto*** la paia, / fin che Raynaldo serà in l'ara (O 582-584).

(46) ***Soto*** la paia li cani s'acolegà, / la cavra la paia su li çità (U 555-556).

Anche per quanto riguarda questo elemento, dunque, le due versioni non si discostano dai testi veneti coevi e, fattore più interessante, non hanno casi di selezione di *a*, come invece avviene in testi più tardi come il *Serapiom*. Non ci sono occorrenze utili per chiarire il tipo di reggenza con un pronome, ma la combinazione è in generale rara nei testi (le poche occorrenze hanno comunque *de*).

4.6. *Un sommario*

Le costruzioni preposizionali esaminate in questa sezione mostrano in generale coerenza con il sistema osservabile negli altri testi veneti medievali, in particolare con quelli di terraferma più antichi. Ci sono però alcune peculiarità, come la diversa distribuzione di *dinanzi* e *davanti*, l'opposizione tra *ver'* in O e *inver'* in U, e l'assenza di *appresso* in O, che contrappongono le due versioni del *Rainaldo e Lesengrino*.

47. Monteverdi, *Legenda de Santo Stady*, p. 120. Cfr. anche Badas, *La legenda de Santo Stadi*, p. 98. Bisogna comunque specificare che questo esempio e il caso di O contengono un pronome di diversa persona e quindi non sono direttamente comparabili. Nel fenomeno della reggenza da parte delle preposizioni lessicali, i pronomi di terza persona hanno spesso una strategia diversa da quelli di prima e seconda.

48. Garzonio, Rossi, *Le preposizioni complesse nei volgari veneti delle Origini*, p. 268.

49. Rohlfs, *Grammatica storica della lingua italiana e dei suoi dialetti*, vol. III, § 880.

5. *Note conclusive*

Discutendo la collocazione di O e U sulla base di indizi fonologici e morfologici, Lomazzi ha avanzato l'ipotesi che il primo è riconducibile a Padova, mentre il secondo a Treviso.[50] Tuttavia,

> la loro fisionomia dialettale è assai sbiadita per il sovrapporsi di una patina per così dire letteraria, insomma toscana (scarso invece è l'influsso del latino), che penetra capillarmente in ogni settore, nella fonetica, nel lessico, nella morfologia, talché, pur avvertendo la presenza di questa costante, ci si trova imbarazzati a definirla concretamente.[51]

Per quanto riguarda i tre ambiti esaminati in questo contributo, risulta abbastanza evidente che le due versioni presentano pochi tratti definibili come puramente lagunari, il che conferma grossomodo la collocazione Padova/Treviso. Credo però che sia interessante anche il fatto che i tratti più arcaici (come, tra gli altri, i continuatori di *ne(c) unum*) siano maggiormente presenti in U, circostanza che deve essere presa in considerazione assieme al fatto che O mostri invece più "toscanismi", tra cui una terminazione di terza persona plurale distinta:[52] le differenze che ho evidenziato sono un possibile indizio che le due versioni risalgano a fasi diacroniche separate, circostanza in linea con una datazione cronologicamente antecedente di U.[53]

50. Lomazzi, *Rainaldo e Lesengrino*, pp. 81-82.
51. *Ibidem.*
52. *Ibidem.*
53. Cfr. il contributo di Giovè Marchioli e Pani, a p. 30.

Luca Morlino

Per una riconsiderazione della “provincia” italiana del *Roman de Renart*

Alla luce dei pochi contributi dedicati al cosiddetto *Rainaldo e Lesengrino* dopo la benemerita edizione sinottica delle sue due redazioni allestita mezzo secolo fa da Anna Lomazzi, si potrebbe a prima vista sottoscrivere il giudizio espresso all'epoca da Franca Brambilla Ageno, secondo cui tale lavoro ha raggiunto «un punto d'arrivo, un risultato “definitivo”», che «chiude in maniera degna tutta una serie di studi parziali sulla “provincia” italiana del *Roman de Renard*».[1] Le conclusioni della studiosa sono infatti state poi in buona sostanza accolte, tanto sotto il profilo filologico-testuale e linguistico, quanto riguardo all'analisi storico-letteraria, stilistica e metrica,[2] mentre appare nel complesso piuttosto limitato l'apporto di effettiva novità degli interventi successivi, che pure hanno trattato alcuni aspetti di indubbio interesse del poemetto attraverso l'esame delle strategie discorsive degli animali parlanti, la riflessione sul contesto ideologico, il confronto con la versione medio-altotedesca e l'inquadramento in una prospettiva multidisciplinare e di lunga durata.[3] Al netto dei diversi oggetti di studio e punti di vista, questi contributi risultano infatti per lo più accomunati da un limite metodologico di fondo, consistente in un sostanziale quanto paradossale isolamento dell'opera dalla tradizione del *Roman de Renart*,[4] che secondo la

1. Franca Brambilla Ageno, *Recensione* a Anna Lomazzi, *Rainaldo e Lesengrino*, prefazione di Gianfranco Folena, Firenze, Olschki, 1972, in «Romance Philology», 29 (1975), pp. 105-108, a p. 108, che riprende la definizione dell'opera di *Poeti del Duecento*, a cura di Gianfranco Contini, 2 voll., Milano-Napoli, Ricciardi, 1960, vol. I, p. 811.

2. Positivo è stato infatti anche il giudizio di Saverio Guida, in «Cultura neolatina», 33 (1973), pp. 429-430, Paola Sgrilli, in «Studi Medievali», 3ª s., 14 (1973), pp. 1193-1195, Ghino Ghinassi, in «Lingua nostra», 35 (1974), p. 32, Reinhold R. Grimm, in «Romanische Forschungen», 86 (1974), pp. 472-475 e Günter Holtus, in «Zeitschrift für romanische Philologie», 92 (1976), pp. 199-207.

3. Cfr. nell'ordine: Jean Lacroix, *Du Je à l'Autre ou le pacte autobiographique de la fable des animaux-qui-parlent:* Rainaldo e Lesengrino, in «Reinardus», 2 (1989), pp. 69-82; Henning Krauss, Rainaldo lavoratore *oder das angekündigte Ende des Fuchses und der Feudalität in der franko-italienischen Literatur*, in *“Ensi firent li ancessor”. Mélanges de philologie médiévale offerts à Marc-René Jung*, publiés par Luciano Rossi avec la collaboration de Christine Jacob-Hugon et Ursula Bähler, Alessandria, Edizioni dell'Orso, 1996, pp. 465-474; Francesca Zanolin, *“Rainaldo e Lesengrino”: Forschungsstand und Forschungsaufgabe italienischer Tierdichtung*, in «Jahrbuch der Oswald von Wolkenstein-Gesellschaft», 12 (2000), pp. 151-162; *Rainaldo. La volpe in Alpe Adria e dintorni: letteratura, arte, tradizioni, ambiente (con riproduzione dal ms. Udine, Biblioteca Arcivescovile, 26)*, a cura di Roberto Benedetti, Tricesimo (Udine), Vattori, 2005.

4. Tra i contributi citati alla nota precedente, fa eccezione il solo Roberto Benedetti, *‘Rainaldo e Lesengrino’ e le peripezie della volpe nel divenire*, in *Rainaldo. La volpe in Alpe Adria e dintorni*, pp. 7-26, alle pp. 8-12.

Caccia alla volpe. Studi sul Rainaldo e Lesengrino, a cura di G. Borriero, N. Giovè Marchioli.
ISBN 978-88-3313-979-1

celebre metafora delle *branches* invalsa per indicare le varie unità narrative di quest'ultimo si potrebbe definire come la potatura del ramo veneto dal tronco francese ovvero, con riferimento alla definizione continiana qui ripresa nel titolo, come la separazione della "provincia" italiana dal suo centro d'Oltralpe.[5] Ne consegue che la conoscenza del *Rainaldo e Lesengrino* non ha sinora tratto beneficio dal progresso invero considerevole registrato negli studi renardiani nel corso degli ultimi decenni, che risulta tanto più significativo se paragonato allo *status quo ante*, ovvero alla bibliografia su cui si fonda la stessa edizione Lomazzi,[6] e inquadrato nell'ambito più generale dei coevi sviluppi della teoria e della critica letteraria. Concetti, metodi, strumenti e campi d'indagine che hanno ispirato tali ricerche e che sono divenuti via via moneta corrente negli studi letterari – dall'intertestualità alla *mise en abyme*, dalla parodia alla narratologia, dalla critica tematica a quella antropologica – erano infatti all'epoca appena agli albori o ancora di là da venire.[7] Si tratta di un patrimonio metodologico la cui portata ermeneutica e i cui risultati effettivi appaiono nel complesso superiori anche alla «scoperta di una nuova redazione» che, a convalida del giudizio riportato in apertura, Franca Brambilla Ageno considerava l'unica ma «improbabile» eventualità che avrebbe potuto richiedere un supplemento d'indagine sull'opera.

Proprio l'importante progresso degli studi renardiani rende invece oggi non solo possibile ma anche necessaria una riconsiderazione del *Rainaldo e Lesengrino*, a maggior ragione dato che la potatura di tale ramo periferico della tradizione renardiana appare specularmente confermata anche se si concentra lo sguardo sul tronco francese, come basta a dimostrare il fatto che ormai è sempre meno invalsa la prassi di includere le due redazioni venete nel censimento dei testimoni e nel *corpus* canonico del *Roman de Renart* che caratterizza invece la storica edizione

5. Cfr. la nota 1 e Lomazzi, *Rainaldo e Lesengrino*, p. 21, che analogamente definisce l'opera la «branca veneta» del *Roman de Renart*, secondo la localizzazione delle due redazioni su base linguistica, ivi, pp. 79-142.

6. Cfr. Lomazzi, *Rainaldo e Lesengrino*, pp. IX-XIII e 1 nota 1, inoltre Anna Lomazzi, *Prospettive di studi renardiani:* Le Roman de Renart *di J. Flinn*, in «Studi di letteratura francese», 1 (1967), pp. 135-140, che inquadra l'uscita del volume di John Flinn, *Le Roman de Renart dans la littérature française et dans les littératures étrangères au Moyen Âge*, Toronto, University of Toronto Press, 1963 nell'ambito della ripresa degli studi renardiani iniziata una decina di anni prima, a mezzo secolo di distanza dallo studio fondamentale di Lucien Foulet, *Le Roman de Renard*, Paris, Champion, 1914; per gli sviluppi successivi, cfr. Kenneth Varty, *The* Roman de Renart*. A Guide to Scholarly Work*, Lanham-London, Scarecrow Press, 1998, *Le Roman de Renart*, édité d'après le manuscrit O (f. fr. 12583) par Aurélie Barre, Berlin-New York, de Gruyter, 2010, pp. 737-751 e la scheda delle *Archives de littérature du Moyen Âge (ARLIMA)*, al sito internet https://www.arlima.net/qt/renart_roman_de.html.

7. Per un orientamento storico-critico di massima relativo alle letterature medievali, cfr. Carlo Donà, *Tradizioni etniche e testo letterario*, in *Lo spazio letterario del Medioevo*, 2. *Il Medioevo volgare*, a cura di Piero Boitani, Mario Mancini e Alberto Varvaro, 6 voll., Roma, Salerno, 1999, vol. I. *La produzione del testo*, vol. I, pp. 307-338; Marco Infurna, *Intertestualità e* mise en abyme, ivi, pp. 423-457; Massimo Bonafin, *Contesti della parodia. Semiotica, antropologia, cultura medievale*, Torino, UTET, 2001. Merita comunque segnalare l'accoglimento di una di queste sollecitazioni da parte della stessa Anna Lomazzi, *L'eroe come* trickster *nel* Roman de Renart, in *Studi di filologia romanza e italiana offerti a Gianfranco Folena dagli allievi padovani*, Modena, Mucchi, 1980, pp. 55-65.

procurata da Ernest Martin e le classiche monografie di Léopold Sudre, Lucien Foulet e John Flinn.[8] A ciò si aggiunga che – diversamente da quanto ritenuto non solo all'altezza dell'edizione Lomazzi, ma per lo più o almeno spesso anche in seguito – il poemetto veneto non costituisce in realtà un «*unicum* della nostra letteratura antica»,[9] anche se è pur sempre il più «cospicuo episodio» di una storia che, a ben vedere, resta in larga parte ancora da scrivere o quanto meno da ricomporre riunendo invero più di «qualche briciola»,[10] giusta l'esempio metodologico dello studio di Alexandre Huber sulla favola nella letteratura provenzale medievale, la quale di per sé è trasmessa solo da una quarantina di versi, a fronte però di numerose tracce indirette.[11] Si conserva infatti anche una poco nota rielaborazione toscana in forma di canzone del racconto renardiano della spartizione della preda,[12] alla luce della quale anche le testimonianze minori e indirette al di là dell'Appennino riacquistano peraltro valore, tanto più se a esse si affianca l'influsso dell'epopea degli animali in lingua d'*oïl* sul Boccaccio maturo del *Corbaccio*, solo nel frattempo riconosciuto.[13] La doverosa precisazione non sminuisce

8. Cfr. *Le Roman de Renart*, publié par Ernest Martin, 3 voll., Strasbourg, Trübner, 1882-1887, vol. II, pp. 358-380, Léopold Sudre, *Les sources du Roman de Renart*, Paris, Bouillon, 1893, pp. 90-100 e 113-114, Foulet, *Le Roman de Renard*, pp. 381-392, Flinn, *Le Roman de Renart*, pp. 529-542; è quanto ha rilevato, con riferimento alle edizioni e agli studi successivi, James R. Simpson, *Animal Body, Literary Corpus: The Old French* Roman de Renart, Amsterdam-Atlanta, Rodopi, 1996, p. 207 nota 1.

9. Così invece Gianfranco Folena, *Presentazione*, in Lomazzi, *Rainaldo e Lesengrino*, p. VI. Tale definizione, assieme a quella di Contini ripresa qui nel titolo e alla nota 1, sembra essere passata sostanzialmente in giudicato negli studi: cfr. per esempio Massimo Zaggia, *Per una storia del genere zooepico tra Quattro e Cinquecento: testi e linee di sviluppo*, in *L'eroicomico dall'Italia all'Europa*, a cura di Gabriele Bucchi, Pisa, Ets, 2013, pp. 27-53, a p. 37 e nota 36: «risulta piuttosto esigua in Italia la fortuna dell'epopea animalistica medievale rappresentata in primo luogo dal *Roman de Renart* e dai suoi derivati [...]. Le limitate ripercussioni in area italiana, in particolare veneta, sono documentate da Lomazzi»; analogamente, *Rainaldo e Lesengrino* è definito «un *unicum* nella letteratura italiana» da Letizia Vezzosi, *Il viaggio di Renard ovvero la metamorfosi della volpe*, in *Lingue, letterature e culture migranti*, a cura di Ayse Saraçgil e Letizia Vezzosi, Firenze, Firenze University Press, 2016, pp. 121-148, a p. 125.

10. Così ancora Folena, *Presentazione*, p. V, che definisce in particolare il poemetto veneto «l'unico cospicuo episodio, a parte qualche briciola, della fortuna italiana» del *Roman de Renart*, alludendo ai riflessi letterari, folklorici e iconografici dell'epopea degli animali riassunti da Lomazzi, *Rainaldo e Lesengrino*, pp. 55-74. Non ha mai visto la luce il «lavoro che ho da tempo in preparazione sul Renart in Italia» cui Francesco Novati accennava in una lettera del 1889 al suo maestro Alessandro D'Ancona (*D'Ancona - Novati*, a cura di Lidia Maria Gonelli, 4 voll., Pisa, Scuola Normale Superiore, 1986-1990, vol. III, p. 42), verosimilmente da identificare con quello di cui alla nota 21, anche se la trattazione di un altro aspetto della materia è apparsa postuma in Francesco Novati, *Origine e sviluppo dei temi iconografici dell'alto Medioevo*, in Id., *Freschi e minii del Dugento*, Milano, Cogliati, 1925, pp. 291-400, alle pp. 317-321, 368-369 e 378-382.

11. Cfr. Alexandre Huber, *La fable dans la littérature provençale du Moyen Âge*, Lausanne, Université de Lausanne, 2001.

12. Cfr. *Redazione italiana in versi del Roman de Renart (branche XVII, vv. 721-1504) aggiuntevi alcune villanelle alla napolitana*, a cura di Mario Menghini e Alberto Morelli, Roma, Tipografia Sallustiana, 1894, pp. 9-12 e 27, Marcello Aprile, *Una tarda propagginazione del «Roman de Renart» in Italia: la canzone «Fabuleggiando (e forse anchor fu vero)»*, in «Giornale storico della letteratura italiana», 176 (1999), pp. 38-53.

13. Cfr. Simonetta Mazzoni Peruzzi, *Medioevo francese nel* Corbaccio, Firenze, Le Lettere, 2001, pp. 151-162 e 269-276; Ead., *Giovanni Boccaccio e la cultura francese: il caso del* Corbac-

affatto l'importanza del poemetto veneto, ma contribuisce anzi a una sua migliore valutazione proprio nel quadro di una riconsiderazione dell'estensione della fortuna italiana del *Roman de Renart* lungo le coordinate tanto della storia quanto della geografia letteraria:[14] la stessa canzone toscana, la quale appare peraltro di per sé bisognosa di una ricognizione dal punto di vista cronologico,[15] rende infatti ancor più significativa la provenienza bolognese del breve frammento iniziale di una delle due redazioni del *Rainaldo e Lesengrino* trasmesso da una carta risalente al 1303 dei Memoriali cittadini, rinomati proprio in quanto testimonianza cruciale della diffusione interregionale dell'antica poesia volgare.[16]

Analogamente, l'importanza fondamentale di tale frammento come *terminus ante quem* della composizione del *Rainaldo e Lesengrino* non viene certo ridotta dalla constatazione del fatto che la sua data non è «la più antica che si possa fissare nella storia nebbiosa dell'epopea animalesca in Italia».[17] Il nome e le gesta dei due principali protagonisti di quest'ultima sono infatti ricordati in termini antonomastici, tali da farne presupporre una certa conoscenza da parte del pubblico, già nella prima metà del Duecento in due testi trobadorici composti al di qua delle Alpi, con riferimento a eventi e personaggi politici locali, quali il marchese di Monferrato (Guglielmo VI o Bonifacio II), che secondo le parole di Falconet «aissi trais sa guerr'a fin / com fetz Rainaltz a Sengrin»,[18] e il marchese Ottone del Carretto, elogiato da Palais in contrapposizione a un «N'Aenris» di cui non è

cio, in *Dante e Boccaccio. Lectura Dantis scaligera 2004-2005 in memoria di Vittore Branca*, a cura di Ennio Sandal, Padova-Roma, Antenore, 2006, pp. 129-166, alle pp. 158-162. Sembra viceversa rimasto senza risposta l'interrogativo posto da Ramiro Ortiz, *Conobbe Dante il* Roman de Renart*?*, in «Zeitschrift für romanische Philologie», 43 (1923), pp. 614-617.

14. Secondo l'auspicio espresso da Paolo Rinoldi, *Boccaccio e il «gouffre de Setalie»*, in «Studi sul Boccaccio», 36 (2008), pp. 89-109, a p. 96, a proposito del «*Roman de Renart* [...] testo sicuramente circolante in Italia (anche se molti sarebbero i *desiderata* per articolare meglio quest'asserzione)».

15. Non convince infatti la conclusione di Aprile, *Una tarda propagginazione del «Roman de Renart»*, p. 39, secondo cui «in assenza di indizi contrari, la composizione della canzone si dovrà ritenere non molto anteriore» alla data dell'unico manoscritto relatore (1502), perché non prende minimamente in considerazione gli argomenti di segno contrario addotti in *Redazione italiana in versi del* Roman de Renart, p. 27 e soprattutto in *Le opere volgari a stampa dei secoli XIII e XIV indicate e descritte da Francesco Zambrini. Supplemento con gli indici generali dei capoversi, dei manoscritti, dei nomi e soggetti*, a cura di Salomone Morpurgo, Bologna, Zanichelli, 1929, p. 101, nr. 532, ovvero che la canzone «ricorda moltissimo» quelle di materia cavalleresca – una di Antonio Pucci, l'altra anonima – studiate da Pio Rajna, *Intorno a due canzoni gemelle*, in «Zeitschrift für romanische Philologie», 1 (1877), pp. 381-387.

16. Cfr. *Rime due e trecentesche tratte dall'Archivio di Stato di Bologna*, edizione critica a cura di Sandro Orlando, con la consulenza archivistica di Giorgio Marcon, Bologna, Commissione per i testi di lingua, 2005, in particolare alle pp. 91-92.

17. Così invece Ezio Levi, *Frammenti inediti di poesia popolare trecentesca* (1912), in Id., *Poesia di popolo e poesia di corte nel Trecento*, Livorno, Giusti, 1915, pp. 23-41, alle pp. 29-30.

18. *Poesie provenzali storiche relative all'Italia*, a cura di Vincenzo de Bartholomaeis, 2 voll., Roma, Tipografia del Senato, 1931, vol. II, p. 207, vv. 45-46; cfr. Sabina Marinetti, *Per una rilettura della tenzone fra Taurel e Falconet (*BdT *438,1)*, in *Dalla Provenza al Monferrato. Percorsi medievali di testi e musiche*, a cura di Sonia Maura Barillari, Alessandria, Edizioni dell'Orso, 2007, pp. 61-76, Paolo Di Luca, *La poesia comico-satirica dei trovatori in Italia*, in *L'Italia dei trovatori*, a cura di Paolo Di Luca e Marco Grimaldi, Roma, Viella, 2017, pp. 121-162, alle pp. 135-138.

facile riconoscere l'esatta identità storica ma è comunque certa l'allusione onomastica al lupo Isengrino, dato l'inequivocabile richiamo immediatamente seguente: «q'anc Rainarz, qui fo gignos, / no sap tant d'avol bargaigna».[19] Intorno alla metà del Duecento anziché all'inizio del secolo seguente è stato inoltre recentemente proposto di far risalire il fittizio scambio epistolare tra il re Leone e la lepre e l'asino, redatto in latino secondo i modelli formali dell'*ars dictaminis* ma ispirato alla materia renardiana (il re ordina ai due destinatari di convocare a corte la volpe e viene informato dell'esito negativo della missione nella risposta), a quanto pare non già in Italia settentrionale, come ritenuto in precedenza, bensì negli ambienti svevi del Meridione.[20] Al Nord Italia, e in particolare alla cancelleria milanese dei Visconti, è stato viceversa ascritto un analogo scambio epistolare in latino di due secoli dopo, in cui l'ispirazione renardiana si fa decisamente carnevalesca e lascia inoltre il segno inconfondibile nel nome proprio di derivazione francese del gallo Cantacler, a fianco del quale viene formato anche il femminile della contessa delle galline Cantaclara.[21]

Queste testimonianze, assieme ad altre riportate nelle pagine seguenti, non costituiscono soltanto lo sfondo in cui inquadrare almeno a grandi linee la tradizione da cui è disceso "per li rami" il *Rainaldo e Lesengrino*, così da compensare

19. Peter T. Ricketts, *Le troubadour Palais: édition critique, traduction et commentaire*, in *Studia occitanica in memoriam Paul Remy*, edited by Hans-Erich Keller, in collaboration with Jean-Marie d'Heur, Guy R. Mermier, Marc Vuijlsteke, 2 voll., Kalamazoo, Medieval Institute Publications, 1986, vol. I, pp. 227-240, a p. 230, vv. 6-8; cfr. Saverio Guida, *(Andrian de) Palais, trovatore lombardo?*, in *Studi di Filologia romanza offerti a Valeria Bertolucci Pizzorusso*, a cura di Pietro G. Beltrami, Maria Grazia Capusso, Fabrizio Cigni, Sergio Vatteroni, 2 voll., Pisa, Pacini, 2006, vol. I, pp. 685-721, alle pp. 691-693 nota 17, che registra la «rassomiglianza fono-grafica [...] con lievissime variazioni», senza però esplicitare le occorrenze del nome di Isengrino nella forma «Aengris» preceduta dalla particella onorifica: cfr. Riccardo Viel, *La tenzone tra Re Riccardo e il Delfino d'Alvernia: liriche d'*oc *e d'*oïl *a contatto*, in *Dai pochi ai molti. Studi in onore di Roberto Antonelli*, a cura di Paolo Canettieri e Arianna Punzi, Roma, Viella, 2014, pp. 1761-1786, a p. 1763, v. 7, Roberta Manetti, *Flamenca. Romanzo occitano del XIII secolo*, Modena, Mucchi, 2008, p. 266, v. 3691.

20. Cfr. Benoît Grévin, *Lire et «latiniser» la littérature de langue d'oïl dans le royaume de Sicile au XIIIe siècle (1240-1285)*, in «Brathair. Revista de Estudos Celtas e Germânicos», 14/1 (2014), pp. 118-139, in particolare alle pp. 128-135, e, con maggiore cautela sulla cronologia, Fulvio Delle Donne, *Narrativa zoologica, letteratura romanza ed epistolografia cancelleresca latina in epoca sveva*, in *Il miglior fabbro. Studi offerti a Giovanni Polara*, a cura di Arturo De Vivo e Raffaele Perrelli, Amsterdam, Hakkert, 2014, pp. 323-338, a fronte delle coordinate indicate da Jacob Wijbrand Muller, *Reinaert in de kanselarij*, in «Tijdschrift voor Nederlandse Taal- en Letterkunde», 29 (1910), pp. 207-228, riprese da Lomazzi, *Rainaldo e Lesengrino*, p. 55, la quale ha invece implicitamente seguito Flinn, *Le Roman de Renart*, pp. 542-548 a proposito dell'ispirazione propriamente renardiana dello scambio epistolare, per cui Muller aveva invece ipotizzato anche i modelli latini della tradizione esopica, dell'*Ecbasis captivi* e dell'*Ysengrimus*.

21. Cfr. Michele Feo, *Il nemico e l'alleato*, Pisa, Tipografia Colombo Cursi, 1980, e Id., *Il carnevale dell'umanista*, in *Tradizione classica e letteratura umanistica. Per Alessandro Perosa*, 2 voll., Roma, Bulzoni, 1985, vol. I, pp. 25-93, in particolare alle pp. 31, 35-37 e 67-73; un accenno al riguardo è comunque già in Francesco Novati, *Tre lettere giocose di Cecco d'Ascoli*, in «Giornale storico della letteratura italiana», 1 (1883), pp. 62-74, a p. 71, il quale non ha fatto seguito al proposito di pubblicare tali testi espresso in una lettera a Pio Rajna del 1884: cfr. Pio Rajna, Francesco Novati, *Carteggio (1878-1915). Tra filologia romanza e mediolatina*, a cura di Guido Lucchini, Milano, LED, 1995, p. 59.

la mancata conservazione di manoscritti italiani delle *branches* canoniche del *Roman de Renart*,[22] ma consentono anche qualche rilievo di dettaglio proprio riguardo all'onomastica, che è in generale uno degli aspetti su cui in passato più si è concentrata l'attenzione degli studiosi del poemetto veneto per via di alcune innovazioni rispetto al modello francese.[23] Una di queste ultime riguarda la moglie del lupo, che al posto del nome originale Hersent ne porta uno rifatto su quello del marito, Isigrina o Lesengra a seconda delle due redazioni conservate rispettivamente dai manoscritti di Udine (U) e di Oxford (O),[24] sulla base di un procedimento analogico di per sé banale e in quanto tale certo replicabile in tempi e luoghi diversi anche indipendentemente, che ciò nondimeno corrisponde a quello del caso appena ricordato di Cantaclara e in primo luogo a quello prototipico di Renarde, una delle figlie di Renart nella tradizione francese,[25] e potrebbe essere forse considerato un tratto caratteristico degli epigoni.

L'agglutinazione dell'articolo determinativo al nome del lupo che distingue parimenti O (Lesengrino) da U (Isigrin) trova invece un riscontro notevole nella canzone toscana sulla spartizione della preda, in cui il lupo si chiama Alexandrino, con un curioso riadattamento classicheggiante che evidentemente presuppone una forma analoga a quella di O e che induce pertanto a concludere «che nella circolazione del *Renart* in Italia si sia affermato il tipo con *l-* su quello originario».[26] A convalida anche geografica di tale ricostruzione va segnalato che il frammento bolognese è affine proprio alla redazione di O e riporta infatti un'occorrenza della forma con l'articolo agglutinato Lesengrin (v. 12), di cui è reperibile un'ulteriore testimonianza in un canto infantile della tradizione popolare marchigiana: «Ecco, ecco Lisandrino [*vel* Lisangrino] / Che si porta 'l più piccino!», che prosegue con l'evocazione-maledizione di un «Ruscio ['rosso'] mal pelo, / Squizza

22. È tutta francese la tradizione manoscritta superstite del *Roman de Renart* propriamente detto (nel senso indicato in corrispondenza della nota 8), per cui si rimanda alla già citata scheda di *ARLIMA*, contenente il rinvio alla descrizione dei codici, una parte dei quali è consultabile nelle gallerie virtuali della Bibliothèque nationale de France, ai siti internet https://gallica.bnf.fr/html/und/manuscrits/les-manuscrits-de-renart?mode=desktop e http://classes.bnf.fr/renart; sulle caratteristiche d'insieme della tradizione, cfr. Massimo Bonafin, *Le malizie della volpe. Parola letteraria e motivi etnici nel* Roman de Renart, Roma, Carocci, 2006, pp. 277-295, Marcella Lacanale, *«S'en est de branche en branche alez». Il* Roman de Renart *tra raccolta e ciclo*, Roma, Viella, 2020, pp. 137-158. Ma d'altra parte va ricordata la fortuna internazionale dell'opera, di cui è riprova tra gli altri Filippo da Novara, italiano solo di nascita, cresciuto e formatosi nell'Oriente franco-latino: cfr. Flinn, *Le Roman de Renart*, pp. 158-173, Filippo da Novara, *Guerra di Federico II in Oriente (1223-1242)*, introduzione, testo critico, traduzione e note a cura di Silvio Melani, Napoli, Liguori, 1994, pp. 110-117, 126-145 e 204-207.

23. A partire da Emilio Teza, *Rainardo e Lesengrino*, Pisa, Nistri, 1869, p. 17 e nota 34; cfr. poi Ernest Martin, *Observations sur le* Roman de Renart *suivies d'une table alphabétique des noms propres. Supplément de l'édition du Roman de Renart*, Strasbourg, Trübner, 1887, pp. 99-100, August Todt, *Die franco-italienischen Renartbranchen*, Darmstadt, Otto's Hof-Buchdruckerei, 1903, pp. 76 e 87, *Poeti del Duecento*, vol. I, p. 811, Flinn, *Le Roman de Renart*, pp. 530-531, 533 e 535.

24. Per le relative segnature e descrizioni, cfr. Lomazzi, *Rainaldo e Lesengrino*, pp. 77-78.

25. Cfr. Gunnar Tilander, *Lexique du* Roman de Renart, Göteborg, Wettergren & Kerbers, 1924, p. 135 e *Le Roman de Renart* (éd. Barre), p. 739.

26. Aprile, *Una tarda propagginazione del «Roman de Renart»*, p. 47.

veleno; / Ruscio mal forte, / 'L diànten ['il diavolo'] se 'l porte» in cui si è quindi portati a ravvisare un probabile *avatar* della volpe.[27]

Anche per quanto riguarda il nome proprio di quest'ultima è possibile notare un'interessante corrispondenza interregionale, costituita dall'affermazione delle forme dissimilate con la liquida al posto della vibrante nella desinenza, verosimilmente favorita dall'influsso di un altro famoso nome cavalleresco, Rainalt (Renaut), peraltro corradicale di Renart.[28] Il fenomeno caratterizza già una delle due citazioni trobadoriche di area piemontese richiamate in precedenza ed è poi sistematico in entrambe le redazioni del *Rainaldo e Lesengrino* – anche in punta di verso, in distico soltanto assonanzato con il sostantivo «part» a fronte di una probabile rima originaria (è questo per esempio il caso dell'occorrenza al v. 10 del frammento bolognese) – e nella canzone toscana sulla spartizione della preda, in cui occorre la forma Rinaldo.[29] Altre testimonianze notevoli si ritrovano in un gioco di parole di una novella del Sacchetti: «Tu hai nome Gallina e costui ha nome Rinaldo: quando fu mai che la volpe potesse accostarsi alla gallina e che ella non se la manicasse?»;[30] nell'insegna con la volpe della famiglia trevigiana dei Rinaldi;[31] inoltre, se non si tratta di una mera coincidenza, persino qualche secolo più tardi nel *Ricciardetto* di Niccolò Forteguerri, in cui Rinaldo «è volpe antica e furba».[32]

Un'altra innovazione del poemetto veneto rispetto alla tradizione francese più volte opportunamente sottolineata in passato è il passaggio del nome proprio

27. Guido Vitaletti, *Tradizioni carolingie e leggende ascetiche raccolte presso Fonte Avellana*, in «Archivum romanicum», 3 (1919), pp. 409-510, a p. 449; cfr. anche Bruno Migliorini, *Dal nome proprio al nome comune. Studi semantici sul mutamento dei nomi propri di persona in nomi comuni negl'idiomi romanzi*, Genève, Olschki, 1927, p. 166 nota 6.

28. Nella tradizione cavalleresca sono del resto attestati talora casi opposti di assimilazione: cfr. André Moisan, *Répertoire des noms propres de personnes et de lieux cités dans les chansons de geste françaises et les oeuvres étrangères dérivées*, 5 voll., Genève, Droz, 1986, vol. II, pp. 816-819, vol. III, pp. 530-532, vol. IV, pp. 397-403; per la derivazione rispettivamente dai composti germanici *Raginald*, *Reginald* e *Ra(g)inhard*, *Reinhard*, che hanno in comune il primo elemento, **ragina* 'consiglio, decisione', mentre differiscono per il secondo: **walda* 'potente' e **hardhu* 'forte, valoroso', cfr. Ernst Förstemann, *Altdeutsches Namenbuch* (1856), zweite, völlig umgearbeitete Auflage, 2 voll., Bonn, Hanstein, 1900, vol. I, coll. 1230-1231 e 1237-1238, Alda Rossebastiano, Elena Papa, *I nomi di persona in Italia. Dizionario storico ed etimologico*, Torino, UTET, 2005, s.vv. *Rinaldo* e *Rinardo*.

29. Cfr. la nota 18, Lomazzi, *Rainaldo e Lesengrino*, pp. 104-105 e 157, Aprile, *Una tarda propagginazione del «Roman de Renart»*, pp. 47 e 53-55.

30. È il motteggio che Guerrieri de' Rossi rivolge a Lapo Attaviani detto Gallina con riferimento a un tale «Rinaldo da Mompolieri» (Montpellier) nella novella CLXXXIII: Franco Sacchetti, *Le Trecento novelle*, edizione critica a cura di Michelangelo Zaccarello, Firenze, Edizioni del Galluzzo, 2014, p. 463; l'autore conosceva peraltro il *Roman de Renart*, come riportato *infra*, in corrispondenza della nota 43.

31. Cfr. Vittorio Spreti, *Enciclopedia storico-nobiliare italiana: famiglie nobili e titolate viventi riconosciute dal R. Governo d'Italia compresi, città, comunità, mense vescovili, abbazie, parrocchie ed enti nobili e titolati riconosciuti*, 6 voll., Milano, Stirpe, vol. V, p. 717 e Franco Benucci, *Zana*, in «Quaderni di semantica», 28 (2007), pp. 359-396, a p. 369, che definisce tali armi «parlanti» con esplicito richiamo allo zoonimo del protagonista del *Roman de Renart*, ciò che merita qui sottolineare in rapporto alla localizzazione trevigiana di una delle due redazioni del *Rainaldo e Lesengrino* di cui alla nota 55.

32. Niccolò Forteguerri, *Ricciardetto*, edizione critica a cura di Carmen Di Donna Prencipe, Bologna, Commissione per i testi di lingua, 1989, p. 578, c. XXIV, 71, 2.

parlante del gallo Chantecler a nome comune indicante un qualunque esemplare della specie (*un chantacler* O, v. 11; *li çantacler* U, v. 55; ecc.).[33] Gli studiosi precedenti non hanno però stranamente rilevato che il caso di fatto è analogo a quello più celebre del protagonista eponimo Renart, vera e propria antonomasia della volpe che in francese, com'è noto, ha finito per soppiantare come nome comune l'etimologico *goupil*,[34] e che con ogni probabilità è stato ispirato proprio da questo modello significativo, ben noto peraltro nel Veneto medievale anche agli autori locali in lingua d'*oïl*, tra cui l'Anonimo Padovano dell'*Entrée d'Espagne*,[35] e al volgarizzatore del catalano *Llibre de les besties* di Ramon Llull, che ha reso correttamente tutte le oltre duecento occorrenze di «Na Renart» con «la Volpe».[36] Si tratta cioè di un ulteriore esempio del «principio di ripresa nell'imitazione» riconosciuto alla base del *Rainaldo e Lesengrino*,[37] che appare tanto più notevole se rapportato alla vitalità della voce in area veneta almeno fino al primo Novecento, testimoniata dal poeta dialettale veronese Dante Bertini nel componimento *El levar del sol*: «Sutil, bronzin, sinziero / slanza l'ultimo segno el cantacero».[38] Questa attestazione conferma in modo inoppugnabile che gli «epigoni dell'epopea animalesca francese nel nord d'Italia debbono aver durato molti secoli a vivere nella coscienza popolare»,[39] poiché conserva traccia dell'antico nome proprio del gallo, sia pure ridotto a nome comune, a differenza dei riscontri più generici o comunque meno sicuri della fortuna italiana del *Roman de Renart* di ambito folklorico e storico-artistico.[40] Per l'appunto come «riflesso po-

33. In aggiunta a quanto già indicato alla nota 23, cfr. Hans Robert Jauss, *Rainaldo e Lesengrino: una tarda ripresa italiana dell'epopea degli animali francese* (1961), in Id., *Alterità e modernità della letteratura medievale*, presentazione di Cesare Segre, Torino, Bollati Boringhieri, 1989, pp. 125-132, a p. 130 e Lomazzi, *Rainaldo e Lesengrino*, p. 6.

34. Cfr. Elina Suomela-Härmä, *« ...li goupil ou li renart ont fosses... » (Mt 8,20)*, in «Revue des langues romanes», 98 (1994), pp. 269-286 e Bonafin, *Le malizie della volpe*, pp. 232-235.

35. Cfr. per esempio *L'Entrée d'Espagne*, chanson de geste franco-italienne publiée d'après le manuscrit unique de Venise par Antoine Thomas, 2 voll., Paris, Firmin-Didot, 1913, vol. I, p. 190, vv. 5191-5192: «Les archiers ont nos François si rendus / Cum le renart les chien a son pertus».

36. Cfr. Ramon Llull, *Libro de le bestie. Traduzione veneta trecentesca*, edizione critica e note a cura di Marcella Ciceri, introduzione di Patrizio Rigobon, Alessandria, Edizioni dell'Orso, 2015; per il prestito letterario nell'originale, eccezionale rispetto alle fonti lulliane, cfr. Marco Maulu, *Fra autonomia e unità: la collocazione del* Llibre de les besties *all'interno del* Llibre de meravelles *di Ramon Llull*, in «eHumanista/IVITRA», 11 (2017), pp. 100-117, a p. 101.

37. Jauss, *Rainaldo e Lesengrino*, pp. 125-126.

38. Dante Bertini, *Cante e cantàri. Poesie in dialetto veneto*, Como-Milano, Quaderni di poesia, 1931, p. 29, vv. 7-8, con la glossa dell'autore a p. IX: «*Cantacero* = gallo (per antonomasia)»; cfr. anche Gottardo Garollo, *Piccola Enciclopedia Hoepli*, seconda edizione completamente rinnovata, 4 voll., Milano, Hoepli, 1913-1940, vol. I, *s.v. chantecler*: «vèneto *cantacèro*» (la voce è invece assente nella prima edizione in 2 voll., ivi, 1892-1895).

39. Maffio Maffii, *Chantecler nelle sue origini*, Firenze, La Rinascenza del libro, 1910, p. 75.

40. Gli animali protagonisti della favola trevigiana raccolta e pubblicata da Ugo Angelo Canello, *Saggi di critica letteraria*, Bologna, Zanichelli, 1877, pp. 197-200 sono infatti indicati sin dall'*incipit* con il loro nome comune: «Al lof e la bolp i era compare». Diversamente, Maffii, *Chantecler nelle sue origini*, p. 75, riferisce sì che «alcuni popolani veneti m'hanno detto d'aver sentito più volte, dai vecchi delle loro campagne, canticchiare versetti su Lesengrino e Cantacler», ma senza allegarne una testimonianza che comprovi l'effettiva conservazione in età moderna di tali nomi, che potrebbero essere stati usati estensivamente dallo studioso, come poi nella ripresa della

polare, frutto della popolarità del genere [zooepico] nelle piazze medievali» è stata interpretata la voce *cantacero*, data la palatalizzazione dell'originario nesso consonantico che precede la vocale tonica di derivazione francese,[41] ciò che d'altronde collima con il lessico e le forme del dialetto usato da Bertini, che è quello dei contadini della Bassa Veronese e non quello cittadino del contemporaneo e più famoso Berto Barbarani.[42] Né va dimenticato l'ulteriore passaggio deonomastico, anche se circoscritto al livello di idioletto, per cui nelle *Rime* del già citato Sacchetti e nel *Pataffio* a lui dubbiamente attribuito occorre l'aggettivo *musengrino, musingrino* nel senso di 'vorace', derivante da una variante del nome del lupo Isengrin attestata nella tradizione manoscritta del *Roman de Renart*.[43]

Altre testimonianze indirette riguardano l'uso propriamente antroponimico dello stesso nome del gallo, documentato a Terlago, nella Valle dei Laghi a ovest di Trento, dove nel 1333 si fa riferimento a un tale «Nicolaus Cantaclerij» (mentre nel 1350 e nel 1379 sono citati gli «heredes c[ondam] Cantacleri»),[44] e sulla sponda lombarda del Lago di Garda, a Villavetro di Gargnano e a Toscolano Maderno, dove nel 1341 e nel 1348 è menzionato un certo «Nigrinus Cantaclerii de Rothina» (Roina, altra località della zona).[45] Proprio come nella voce veronese

stessa favola trevigiana sotto il titolo «Il Rainaldo trevisano» da Lomazzi, *Rainaldo e Lesengrino*, p. 59. Per le testimonianze figurative e la loro possibile derivazione da altre tradizioni (favola esopica, bestiari, predicazione clericale, folklore), cfr. ivi, pp. 61-74, mentre Erika Frigieri, *Il Duomo di Modena tra filosofia e storia*, Negarine di S. Pietro in Cariano (Verona), Il segno dei Gabrielli, 2004, pp. 135-140 e 145, nonostante i problemi di cronologia relativa, riconduce all'influsso diretto del *Roman de Renart* gli episodi della confessione e del funerale della volpe scolpiti sullo stipite destro e l'archivolto della Porta della Pescheria del Duomo di Modena.

41. Alberto Zamboni, *Note ed integrazioni ad un nuovo dizionario etimologico di area veneta*, in *Dialettologia e varia linguistica per Manlio Cortelazzo*, a cura di Gianluigi Borgato e Alberto Zamboni, Padova, Unipress, 1989, pp. 391-399, a p. 396, la cui osservazione precisa la chiosa di Marcello Bondardo, *Dizionario etimologico del dialetto veronese*, Verona, San Zeno, 1986, che pure qualifica correttamente la voce come rustica, desumendola da Gino Beltramini, Elisabetta Donati, *Piccolo dizionario veronese-italiano*, Verona, Vita veronese, 1963; cfr. anche Manlio Cortelazzo, Carla Marcato, *Dizionario etimologico dei dialetti italiani*, Torino, UTET, 1998, *s.v. cantacèro*. Viceversa, ragioni rispettivamente geografiche e storico-linguistiche spiegano, senza mediazione letteraria, il brigasco *rinard* e il siciliano *rinauda, rinaudu* 'volpe', registrati ivi, *s.v. rinard* e derivanti dal francese *renart* di cui alla nota 34.

42. Cfr. Claudio Bismara, *Dante Bertini*, in *Oppeano. Il territorio e le comunità*, a cura di Claudio Bismara, Bruno Chiappa, Gian Maria Varanini, Verona, Scripta, 2013, pp. 287-288.

43. Cfr. Franca Brambilla Ageno, *Musingrino, musengrino*, in «Lingua nostra», 16 (1955), p. 57, Franco Sacchetti, *Il Pataffio*, edizione critica a cura di Federico Della Corte, Bologna, Commissione per i testi di lingua, 2005, pp. 13 e 38 (III, v. 23 e VIII, v. 71), con la chiosa a p. 141, Id., *Il libro delle rime con le lettere. La battaglia delle belle donne*, a cura di Davide Puccini, Torino, UTET, 2007, pp. 166, 256 e 264 (LXXXIX, v. 6, CLIX, vv. 130 e 305).

44. Lamberto Cesarini Sforza, *Per la storia del cognome nel Trentino* (1914), nuova edizione con indici di Giulia Mastrelli Anzilotti, presentazione di Carlo Alberto Mastrelli, Firenze, Istituto di Studi per l'Alto Adige, 1991, p. 101.

45. Paola Turla, *«Ad rectum livellum comunis Brixie, investivit». Proprietà terriere, colture, modalità di gestione ed economia agraria in Toscolano e sulla sponda occidentale del Garda, tra Trecento e Quattrocento attraverso i documenti dell'archivio del convento di San Domenico di Toscolano*, tesi di laurea, relatore Giancarlo Andenna, Brescia, Università Cattolica del Sacro Cuore, a.a. 1993-1994 (disponibile nella Biblioteca digitale degli Archivi del Garda, al sito internet https://www.archividelgarda.it/mediateca/biblioteca-digitale), pp. 40 e 60.

cantacero e nella forma latina *Cantacler* delle epistole carnevalesche di ambito visconteo, il timbro della vocale tonica non può spiegarsi altrimenti che riconoscendovi una ripresa del nome dal *Roman de Renart*, come notato già più di un secolo fa da Lamberto Cesarini Sforza,[46] ma purtroppo senza eco tra gli studiosi della fortuna dell'epopea animale in Italia. A questi ultimi sono analogamente sfuggiti inoltre i cognomi lombardi Desingrini, Esengrini e Isengrini, ancor oggi esistenti e invero ricondotti dagli onomasti al nome del lupo del *Roman de Renart*,[47] di cui è documentato anticamente l'uso come personale nel caso del bergamasco Isingrino dei Soardi, capitano del popolo di Pisa nel 1317,[48] e come soprannome in quello di Giovanni detto Isengrino da Pavia, appartenente a una banda di ladri attiva intorno alla metà del secolo successivo,[49] che in base a tempi, luoghi e contesto si può quanto meno proporre di identificare con l'Isingrino citato in una frottola del rimatore milanese Bartolomeo Sachella.[50] Se la testimonianza pavese appare degna di nota per la coincidenza con la celebre antonomasia esplicitata nelle *Enfances Renart* («Tot cil qui sorent bien rober / Et par nuit et par jor embler / Sont bien a droit dit Isengrin»),[51] le altre tre sono invece rimarchevoli dal punto di vista cronologico, perché l'imposizione del nome risale verosimilmente in modo compatto alla fine del Duecento (nei primi due casi il nome che

46. Cfr. Cesarini Sforza, *Per la storia del cognome nel Trentino*, p. 101, che è comunque arrivato per gradi a tale conclusione, peraltro coerente con altri nomi di derivazione letteraria attestati nella stessa area (Lancillotto, Percivalle, Palamidesse, Artuso, ecc.) registrati ivi, pp. 135, 195 e 212, dopo aver in prima battuta proposto dubitativamente che si trattasse del «soprann[ome] d'uno che cantava in chiesa col clero» e aver poi riconosciuto che «assai più probabilmente è soprannome preso dal multiforme poema medioevale della volpe (*Renard*), nel quale il gallo porta il nome di *Chantecler* (cantachiaro)»: cfr. Id., *Spogli di pergamene (Arch. Com. di Terlago)*, in «Archivio trentino», 16 (1901), pp. 53-94, alle pp. 54 e 68 nota 76, e 18 (1903), pp. 207-241, a p. 211. La conservazione della vocale tonica francese caratterizza anche le versioni germaniche: cfr. Carla Del Zotto, *I nomi degli animali nella* Tierdichtung *germanica*, in «Il Nome nel testo. Rivista internazionale di onomastica letteraria», 8 (2006), pp. 327-336, alle pp. 331 e 333.

47. Cfr. Angelo Bongioanni, *Nomi e cognomi. Saggio di ricerche etimologiche e storiche*, Torino, Bocca, 1928, p. 138, Dante Olivieri, *Indicazioni geografiche di cognomi milanesi*, in «Annuario del R. Liceo Scientifico Vittorio Veneto», 5 (1926-1927), pp. 186-194, a p. 194, Id., *I cognomi milanesi sotto l'aspetto demografico e linguistico*, in «Archivio Storico Lombardo», 83 (1956), pp. 336-354, a p. 339. La diffusione di tali cognomi ha anche un riflesso letterario nel personaggio dell'avvocato Esengrini, marito della protagonista eponima del romanzo di Piero Chiara, *I giovedì della signora Giulia*, Milano, Mondadori, 1970.

48. Cfr. *Delle istorie pisane libri XVI di Raffaello Roncioni* [...], con illustrazioni di Francesco Bonaini, 2 voll., Firenze, Vieusseux, 1844, vol. I, p. 712 e nota 3, vol. II, p. 675.

49. Cfr. Maria Nadia Covini, *«La balanza drita». Pratiche di governo, leggi e ordinamenti nel ducato sforzesco*, Milano, Franco Angeli, 2007, p. 267; Marina Gazzini, *Storie di vita e di malavita. Criminali, poveri e altri miserabili nelle carceri di Milano alla fine del Medioevo*, Firenze, Firenze University Press, 2017, p. 128.

50. Cfr. Bartolomeo Sachella, *Frottole*, edizione critica a cura di Giovanna Polezzo Susto, Bologna, Commissione per i testi di lingua, 1990, p. 108, v. 119, con la lezione *Ysingrinus* in apparato a p. 111 e la relativa glossa a p. 429: «È uno dei due amici che accompagnano il S[achella] a Pavia per inseguire Stefano Brugno dopo il furto del libro»; si tenga inoltre presente che il secondo amico si chiama Paolo, mentre in un'altra analoga frottola a rubare un libro allo stesso Sachella è un tal Paolo Alchero (cfr. ivi, pp. 115-120 e 419), e che la banda di ladri era composta da sbirri della curia del conte Vanni de' Medici, podestà di Milano (cfr. la nota precedente).

51. *Le Roman de Renart* (éd. Martin), vol. II, pp. 338-339, vv. 99-101.

interessa è infatti un patronimico) e corrisponde quindi in modo significativo all'epoca in cui è stata datata la composizione del *Rainaldo e Lesengrino* sulla base del frammento bolognese. Tali riscontri documentari si aggiungono a quest'ultimo anche come "tracce" di contorno rispetto al Veneto da cui provengono le due redazioni del poemetto, che costituiscono le vere e proprie "macchie" della tradizione testuale,[52] in una mappa ideale che, con tutti i limiti del caso, potrà forse in qualche modo contribuire all'*Atlante della letteratura del Veneto medievale*.[53] Le prime sono poste infatti lungo l'arco occidentale gravitante su Verona, luogo di conservazione di lunga durata dello zoonimo dialettale di derivazione renardiana ricordato in precedenza ma prima di tutto crocevia fondamentale per l'irradiazione della letteratura francese nel Veneto già duecentesco;[54] mentre le seconde sono state localizzate su base linguistica a Padova (O) e a Treviso (U), in quest'ultimo caso con qualche tratto fono-morfologico attribuibile forse al confinante Friuli, dove oggi è conservato e anticamente potrebbe essere stato esemplato il manoscritto relatore.[55] Anche in Friuli risulta d'altronde documentato nel 1334, con riferimento a un cittadino di Gemona, l'antroponimo *Isingrinus*, che però in terra di confine, dato l'etimo germanico, potrebbe non dipendere direttamente dalla tradizione letteraria romanza, come per esempio il femminile *Isingart* ivi pure attestato, che condivide la radice indicante durezza e brillantezza.[56]

Il quadro che si è provato sin qui a tratteggiare rappresenta il contesto in cui va compreso il *Rainaldo e Lesengrino*, che è peraltro conservato da due redazioni che sono state definite a buon diritto «schegge di una tradizione dinamica»;[57] in quanto tali, esse lasciano intuire invero già di per sé un retroterra più esteso rispetto all'impropria definizione di *unicum* apposta in passato al poemetto, tanto

52. La terminologia riprende quella di Giovanni Palumbo, *La* Chanson de Roland *in Italia nel Medioevo*, Roma, Salerno, 2013, a sua volta ispirata ad Armando Petrucci, *Storia e geografia delle culture scritte (dal secolo XI al secolo XVIII)*, in *Letteratura italiana*, a cura di Alberto Asor Rosa, *Storia e geografia*, vol. II. *L'età moderna*, Torino, Einaudi, 1988, pp. 1193-1292.

53. Cfr. Giovanni Borriero, *Geography and History of the Literature in Medieval Veneto. Prospects and Methods of the AtLiVe Project*, in «Transylvanian Review», 29/1 (2020), pp. 87-105 e Fabio Sangiovanni, *La letteratura medievale alla prova della mappa: un dubbio cartografico per testi e testimoni*, in *«L'aire de Proensa». Temi di geografia nella lirica romanza medievale*, a cura di Federico Guariglia e Nicolò Premi, Verona, Fiorini, 2021, pp. 1-19, che alle pp. 5-6 fa riferimento proprio al *Rainaldo e Lesengrino*.

54. Mi sia permesso rimandare in proposito ai miei *Spunti per un riesame della costellazione letteraria franco-italiana*, in «Francigena», 1 (2015), pp. 5-81, alle pp. 13-15.

55. Cfr. Lomazzi, *Rainaldo e Lesengrino*, pp. 77-142 e Giorgio Cadorini, *Friulano, veneto e toscano nella storia del Friuli*, in *Manuale di linguistica friulana*, a cura di Sabine Heinemann e Luca Melchior, Berlin-Boston, de Gruyter, 2015, pp. 316-337, alle pp. 321-322.

56. Cfr. rispettivamente *Parlamento friulano*, a cura di Pietro Silverio Leicht, 2 voll., Bologna, Zanichelli, 1917-1955, vol. I/2, p. 120 e Carla Marcato, *Profilo di antroponimia friulana*, Udine, Società Filologica Friulana, 2010, p. 17; cfr. più in generale Giovanni Frau, *Tedesco*, in *Manuale di linguistica friulana*, pp. 274-295 e Franco Finco, *Toponomastica e antroponimia*, ivi, pp. 428-450.

57. Emilio Lippi, *La letteratura in volgare di sì a Treviso nel Due e Trecento* (1991), in Id., *Contributi di filologia veneta*, Treviso, Antilia, 2003, pp. 47-92, a p. 55, che ricalca la definizione di Contini in *Poeti del Duecento*, vol. I, p. 812: «rimaneggiamenti fortemente individuati d'uno stesso testo fondamentale».

che qualche studioso ha ritenuto pure che esso sia stato tra i testi «ampiamente rappresentati nei repertori dei canterini, a partire dalle prime elaborazioni poetiche italiane degli originali in francese» e abbia quindi avuto una «notevole popolarità».[58] Le testimonianze raccolte nelle pagine precedenti non permettono, beninteso, di comprovare l'effettiva e specifica fortuna del *Rainaldo e Lesengrino*, ma solo e per lo più in modo indiretto quella generale della materia renardiana in Italia, che si rivela comunque una base utile anche per una riconsiderazione dello stesso poemetto, in particolare se rapportata alle acquisizioni degli studi renardiani degli ultimi decenni. Tra queste si segnala soprattutto il riconoscimento del processo di riscrittura che caratterizza in modo fondamentale l'universo narrativo del *Roman de Renart* e che consiste in una fitta trama intertestuale e interdiscorsiva di richiami, allusioni, riprese, costanti e varianti che, a partire dalla consueta metafora delle *branches*, Jean Dufournet ha icasticamente definito «arborescence».[59] Questa rinnovata prospettiva d'insieme e le conseguenti analisi delle singole *branches* consentono infatti di rileggere anche il ramo veneto secondo la stessa dialettica «entre réécriture et innovation» che dà forma al complesso della tradizione francese,[60] oltre la mera constatazione basilare della struttura bipartita del *Rainaldo e Lesengrino*, che, com'è noto, nella prima metà corrisponde in forma condensata al *Jugement Renart*, mentre nella seconda contiene il racconto della mezzadria tra la volpe e la capra, estraneo alle *branches* canoniche, anche se in parte affine ad altri testi di derivazione renardiana, quali la cosiddetta *Chronique de Reims* e il più tardo *Renart le Contrefait*.[61] Questa stessa struttura, in quanto giustapposizione di episodi diversi riconducibili solo in parte agli altri racconti conservati, proietta d'altronde necessariamente il testo nella pluralità e molteplicità della tradizione renardiana, impedendo di ricondurlo in modo

58. Così, a fronte di quanto indicato alla nota 9, rispettivamente Giancarlo Schizzerotto, *Gonnella. Il mito del buffone*, Pisa, Ets, 2000, p. 480 e Carlo Ciucciovino, *La cronaca del Trecento italiano: giorno per giorno l'Italia di Giotto e Dante*, Roma, Universitalia, 2007, p. 28.

59. Jean Dufournet, *Réécriture et arborescence dans le* Roman de Renart *(branches X et XI). Deux auteurs au travail* (1989), in Id., *Du* Roman de Renart *à Rutebeuf*, Caen, Paradigme, 1993, pp. 53-69; cfr. anche Id., *La réécriture dans la* Confession de Renart *(branche VII). Jeux et enjeux* (1988) e Renart le noir *(branche XIII): réécriture et quête de l'identité* (1991), ivi, pp. 41-52 e 71-87, Jean R. Scheidegger, *Le Roman de Renart ou le texte de la dérision*, Genève, Droz, 1989, pp. 63-116, Massimo Bonafin, *Intertestualità nel* Roman de Renart, in «Medioevo romanzo», 14 (1989), pp. 77-96 e poi più estesamente Id., *Le malizie della volpe*, inoltre Simpson, *Animal Body, Literary Corpus*, pp. 33-85 e Lacanale, *«S'en est de branche en branche alez»*, pp. 87-111.

60. Jean Dufournet, *Le Roman de Renart entre réécriture et innovation*, Orléans, Paradigme, 2007, dove alle pp. 43-76 e 115-136 sono ristampati i saggi citati alla nota precedente; per l'analisi di singole *branches* si vedano, anche per ulteriore bibliografia, i relativi paratesti in *Le Roman de Renart*, édition publiée sous la direction d'Armand Strubel, avec la collaboration de Roger Bellon, Dominique Boutet et Sylvie Lefèvre, Paris, Gallimard, 1998, *Le Roman de Renart*, édition bilingue établie, traduite, présentée et annotée par Jean Dufournet, Laurence Harf-Lancner, Marie-Thérèse de Medeiros et Jean Subrenat, 2 voll., Paris, Champion, 2013-2015 e nei tre volumi antologici curati da Massimo Bonafin, *Il romanzo di Renart la volpe*, *Vita e morte avventurose di Renart la volpe* e *Le metamorfosi di Renart la volpe*, Alessandria, Edizioni dell'Orso, 1999, 2012 e 2021.

61. Per la prima metà è un dato rilevato sin da Teza, *Rainardo e Lesengrino*, pp. 6-7, mentre per la seconda a partire da Martin, *Observations sur le Roman de Renart*, pp. 100-101; cfr. in generale Lomazzi, *Rainaldo e Lesengrino*, pp. 21-37.

esclusivo a questi ultimi sulla base della corrispondenza della materia narrata e delle relative forme nei termini della più classica critica delle fonti.[62] La pur utile tavola comparativa tra le due redazioni venete e le *branches* francesi posta alla fine dell'edizione Lomazzi rappresenta in tal senso solo la parte più evidente del processo derivativo e rielaborativo che presiede alla composizione del poemetto, ovvero la corrispondenza delle sequenze narrative con il *Jugement Renart* e poco altro,[63] mentre omette alcuni riferimenti cui la studiosa ha pure debitamente fatto cenno nell'introduzione e i rimandi ad altre *branches* compiuti da altri commentatori.[64] Si tratta in primo luogo delle «allusioni, imprecise e confuse, a degli avvenimenti, o situazioni, di cui non si narra affatto; ma che presentano una certa corrispondenza con episodi del *Renart*»,[65] alle quali può ben essere esteso il commento relativo a molte di quelle che analogamente caratterizzano la tradizione francese, che «non sono testualmente agganciabili al repertorio di *branches* tramandate ma impongono di immaginare un repertorio parallelo di racconti sull'eroe volpino circolanti oralmente e indefinitamente plasmabili a ogni nuova esecuzione».[66] Alla tradizione perduta appartiene peraltro, in base a quanto ricavabile dalle corrispondenze con i già citati altri testi di derivazione renardiana, anche lo stesso nucleo narrativo originario della seconda parte del *Rainaldo e Lesengrino*,[67] la quale, al di là delle specificità del racconto in sé, è del resto accostabile da un punto di vista più generale, di carattere tipologico e strutturale, ad altre *branches* conservate, che pure integrano e sviluppano l'episodio giudiziario basilare con l'aggiunta di nuove vicende, secondo il principio della variazione sul tema che caratterizza la riscrittura del *Roman de Renart*. Sono in particolare le *branches* interpretate come "satelliti" del *Jugement Renart* già dagli ordinatori e compilatori della tradizione manoscritta, ovvero il *Siège de Maupertuis* e il dittico del *Renart teinturier* e *Renart jongleur*, ricordati a tale proposito dalla stessa

62. Cfr. per esempio Contini in *Poeti del Duecento*, vol. I, pp. 811-812: «La *branche* I, o piuttosto la sua prima porzione, che sola interessa in quanto precedente [...]. Nuovo invece è, rispetto al *Roman*, il contenuto della seconda parte».

63. Cfr. Lomazzi, *Rainaldo e Lesengrino*, p. 183, dove fanno eccezione solo alcuni versi del *Renart le Nouvel* e della *branche* VIIb dell'edizione Roques (*Le Roman de Renart: branches VII-IX*, éditées d'après le manuscrit de Cangé par Mario Roques, Paris, Champion, 1953), corrispondente alla *branche* Va dell'edizione Martin.

64. Cfr. in particolare le note di Teza, *Rainardo e Lesengrino*, pp. 27-68, inoltre Foulet, *Le Roman de Renard*, p. 387, secondo cui l'autore del *Rainaldo e Lesengrino* «a utilisé, à côté de la branche I, la branche Va», e Flinn, *Le Roman de Renart*, p. 541: «si le poète italien s'est inspiré surtout des branches II-Va et I, on ne peut guère douter qu'il n'en ait connu beaucoup d'autres, telle le récit de Renart et Primaut».

65. Lomazzi, *Rainaldo e Lesengrino*, p. 17.

66. Massimo Bonafin, *Introduzione* a *Le metamorfosi di Renart la volpe*, pp. 3-14, a p. 13; cfr. inoltre Micheline de Combarieu du Grès, Jean Subrenat, *Le Roman de Renart. Index des thèmes et des personnages*, Aix-en Provence, CUER MA, 1987, pp. 35-38.

67. Cfr. Lomazzi, *Rainaldo e Lesengrino*, p. 37, che ipotizza «una fonte comune [...] rimasta fuori dalle collezioni manoscritte [del *Renart*] e andata quindi perduta», considerando viceversa «assai improbabile che un racconto, composto nell'Italia settentrionale in un dialetto di portata culturalmente ristretta, abbia potuto esercitare la sua influenza» al di là delle Alpi, che è invece quanto sostenuto poi da Francesco Sberlati, *Periferia geografica ed ibridismo linguistico: la Padania nel XIV secolo*, in «Schede umanistiche», 1 (1991), pp. 9-56, a p. 21.

Lomazzi assieme al *Duel judiciaire* e al *Renart médecin*, cui si possono aggiungere anche *L'escondit* e il *Renart magicien*.[68] Già solo i titoli di alcune di queste e di altre *branches* o di loro singole parti, quali il *Renart fauconnier* contenuto nel *Renart empereur*, rivelano nella loro enumerazione caotica i tratti caratteristici dell'«eroe polimorfo» che, in quanto «perfetto *avatar* dell'archetipo culturale del *trickster*, non si lascia identificare attraverso delle proprietà definite e numerabili», ma anzi compare di volta in volta «in atteggiamenti, ruoli e anche mestieri diversi, scalando per così dire tutta la varietà delle maschere sociali che il suo mondo, il mondo del XII e XIII secolo, gli offre».[69] A questa serie di variazioni narrative e metamorfosi del protagonista, corrispondente quasi a una galleria dei coevi "stati del mondo",[70] appartiene a pieno titolo e va quindi ricondotto anche il «Renart laboureur» del poemetto veneto, tanto più se si considera che il «labourage de Renart»[71] trova inoltre un *pendant* nel *Labourage en commun* o *Essart Renart*, in cui la volpe è impegnata a dissodare e a coltivare un campo assieme al gallo Chantecler, al lupo Isengrin e al cervo Brichemer. I commentatori del *Rainaldo e Lesengrino* si sono limitati a un cenno fugace a questo tema comune, ma volto più che altro a sottolinearne il diverso svolgimento,[72] senza però considerare che nel *Roman de Renart* «l'agricoltura è un'attività generalmente riservata agli umani, personaggi caratterizzati dall'appartenenza a una classe sociale subalterna rispetto a quella dominante degli eroi zoo(antropo)morfi, esponenti della nobiltà feudale dell'universo renardiano».[73]

68. Cfr. Lomazzi, *Rainaldo e Lesengrino*, pp. 31-32; la definizione di "satelliti" per le *branches* Ia e Ib dell'edizione Martin è invalsa negli studi renardiani: cfr. per esempio *Le Roman de Renart* (éd. Strubel), p. 937; le altre citate sono rispettivamente la VI, la X, la Va e la XXIII. Rivelatore sin dal titolo, che fa invero riferimento all'edizione Roques, per quanto qui interessa è il contributo di Jean Subrenat, *Trois versions du jugement de Renart (br. VIIb, I et VIII du ms. de Cangé)*, in *Mélanges de langue et littérature françaises offerts à Pierre Jonin*, Aix-en-Provence, CUER MA, 1979, pp. 623-643; cfr. inoltre Id., *La Justice dans le* Roman de Renart, in *À la recherche du* Roman de Renart. *Kenneth Varty et ses amis* [...], New Alyth, Lochee Publications, 2 voll., 1988-1991, vol. II, pp. 239-292.

69. Bonafin, *Introduzione* a *Le metamorfosi di Renart la volpe*, rispettivamente pp. 13, 12 e 7; cfr. anche Scheidegger, *Le Roman de Renart*, pp. 228-229.

70. Al riguardo cfr. almeno Jean Batany, *Approches langagières de la société médiévale*, Caen, Paradigme, 1992 e Gian Carlo Belletti, *Osservazioni in margine alla letteratura sugli stati del mondo*, in Id., *Saggi di sociologia del testo medievale*, Alessandria, Edizioni dell'Orso, 1993, pp. 9-54; in un'ottica renardiana si veda inoltre Combarieu du Grès, Subrenat, *Le Roman de Renart. Index des thèmes*, p. 146.

71. Così Jauss, *Rainaldo e Lesengrino*, rispettivamente pp. 131 e 127; cfr. poi analogamente «Rainaldo lavoratore» in Lomazzi, *Rainaldo e Lesengrino*, pp. 27, 31 e 37, quindi nel titolo di Krauss, *Rainaldo lavoratore*.

72. Cfr. Flinn, *Le Roman de Renart*, p. 541: «En dehors du thème des bêtes qui se mettent à faire de la culture, il n'y a pas cependant de ressemblances entre les deux récits»; Lomazzi, *Rainaldo e Lesengrino*, p. 33 nota 3: «Il tema del *labourage en commun* di un campo si ritrova all'inizio della *br*[*anche*] XXII, ma poi la storia [...] è completamente diversa».

73. Così Sandra Gorla, in *Le metamorfosi di Renart la volpe*, p. 87; cfr. inoltre Combarieu du Grès, Subrenat, *Le Roman de Renart. Index des thèmes*, p. 35 e Corinne Zemmour, *Perception du monde par les animaux dans le* Roman de Renart. *Etude sémantique: signifiants, signifiés et valeurs symboliques*, Greifswald, Reineke, 1995, pp. 35-48.

A prescindere dalle rispettive specificità dei due racconti, in entrambi la volpe interpreta l'accordo a modo tutto suo: nell'*Essart* si limita a esortare i compari al lavoro, riservandosi una più comoda funzione di sorveglianza, «Que il n'ot cure d'ovre faire», e comunica poi loro che il raccolto «Ne sera ja par nos [*var.* vos] partie», facendo verosimilmente intuire, al di là della promessa di mangiarlo insieme, il proposito di ingannare i soci;[74] mentre nel poemetto veneto, dopo aver proclamato la sua inesperienza in ogni tipo di lavoro manuale e lasciato quindi più di un'incombenza alla capra con vari pretesti, intende destinare a quest'ultima «la pagla e' logo» e tiene invece per sé «lo formento tuto».[75] Ciò nondimeno, nell'uno come nell'altro testo, l'ingannatore finisce poi per essere ingannato, secondo un tipo folklorico che pervade più in generale il *Roman de Renart*,[76] come riconosciuto esplicitamente dallo stesso protagonista nella versione veneta:

> Ond'eo creço per viretae
> ch'ella [*scilicet* la capra] me vol inganar,
> ché creço ch'el'abia conpagnia,
> e no per mi che bona sia.[77]

Gli ultimi due versi alludono ai mastini che la capra lancerà poi all'inseguimento della volpe e del lupo, che consentono un ulteriore raccordo del *Rainaldo e Lesengrino* alla tradizione da cui è disceso, nella quale essi costituiscono uno dei motivi ricorrenti, anzi «in assoluto il più frequente».[78] In tal senso si può forse ravvisare una variazione sul tema anche di carattere onomastico, dato che essi si chiamano Bonapresa e Fortinel, e in quanto tali sembrano accostabili in senso tipologico ai nomi dei mastini del *Roman de Renart*, rispettivamente a Mauvoisin come composto, sia pure con l'aggettivo di segno contrario, e a Roenel per la desinenza diminutivale, ferma comunque restando la loro «façon dérisoire», che «n'en souligne que plus ironiquement l'inefficacité notoire de ces deux modestes éxécutants».[79]

Un'ulteriore variazione di un motivo ricorrente nel *Roman de Renart*, nello specifico la finta morte intenzionale,[80] può essere considerata poi la malattia, all'ap-

74. *Le Roman de Renart* (éd. Martin), vol. II, pp. 260 e 261, vv. 36 e 98; la variante *vos* è riportata a testo in *Le metamorfosi di Renart la volpe*, p. 216.

75. Secondo il testo di O, vv. 518-519, ripetuto con inversione della dittologia nominale ai vv. 522-523; «lo stran e la paia» in U, v. 500 (Lomazzi, *Rainaldo e Lesengrino*, p. 173). Quanto all'inesperienza nelle attività manuali, espressa dalla serie enumerativa di U, vv. 375-384 e O, vv. 390-397 (ivi, p. 169), andrà notato in quest'ultimo la dittologia del v. 391: «somenar ni erpegar», data la corrispondenza all'*Essart Renart*: «L'un semer et l'autre hercier», in *Le Roman de Renart* (éd. Martin), vol. II, p. 261, v. 84.

76. Cfr. Bonafin, *Le malizie della volpe*, p. 316, *ad indicem*, *s.v. Inganno - ingannatore/ingannato*.

77. Secondo il testo di O, vv. 606-609 (Lomazzi, *Rainaldo e Lesengrino*, p. 176), di cui non c'è corrispondenza in U.

78. Cfr. Combarieu du Grès, Subrenat, *Le Roman de Renart. Index des thèmes*, p. 58 e Lacanale, «*S'en est de branche en branche alez*», pp. 41-54, in particolare a p. 41 per la citazione.

79. Lacroix, *Du Je à l'Autre*, p. 77.

80. Cfr. Combarieu du Grès, Subrenat, *Le Roman de Renart. Index des thèmes*, p. 153 e Lacanale, «*S'en est de branche en branche alez*», pp. 60-64.

parenza peraltro dalle conseguenze proprio mortali, inscenata dalla volpe per non esporsi per l'appunto al pericolo dei cani nell'aia e ingannare così il lupo:

Und'eo no voio çire a l'ara
ch'eo la poravi ben aver cara:
ch'eo m'infingirò d'aver male
e dirò ch'eo no poso andare;
[...]
Or se lasò Raynaldo chaer,
e par pur ch'el voia morir.
Dise Lesengrino: «Conpagno meo,
che à-tu, sì t'aì l'alto Deo?
El par che toe voi' morir;
[...]
Dixe Raynaldo: «E' ò tal male,
ch'eo no poso per via andare».[81]

Questa simulazione riecheggia del resto anche nella fraseologia un'occorrenza del motivo nella *Mort Renart*: «Adonc s'est Renart pourpensez / Que la morte vieille fera, / [...] / Atant seur li cheïr se let».[82] La malattia, anche effettiva, è invece usata altrove dalla volpe come pretesto per fingere di non potersi muovere, così da far avvicinare il corvo Tiecelin e scagliarsi poi contro di lui, anche se questi comunque riesce a spiccare il volo in tempo.[83] Proprio quest'ultimo episodio costituisce a sua volta un altro motivo ricorrente nel *Roman de Renart*, ovvero il colpo mancato che permette a un animale in difficoltà di salvarsi.[84] Anche se nel *Rainaldo e Lesengrino* non è presente un gesto di questo tipo né pertanto il relativo lessico formulare, vi compaiono comunque due contadini, cioè proprio i più comuni protagonisti di tale motivo, i quali cacciano i mastini che avevano assalito il lupo e garantiscono in tal modo – in questo caso intenzionale – la sua temporanea sopravvivenza:

et eco vignando dui vilani,
ch'avea dui bastoni in mane:
li cani caçòno desovra Lesengrino,
ché i no'l volea lasar ançidere.[85]

Altri temi e motivi renardiani sono invece riflessi in modo più fedele alla tradizione nel poemetto veneto, a cominciare da quello della parzialità del leone,

81. Secondo il testo di O, vv. 610-613, 624-628 e 632-633 (Lomazzi, *Rainaldo e Lesengrino*, p. 176), anche in questo caso senza riscontri in U.

82. *Le Roman de Renart* (éd. Martin), vol. II, p. 234, vv. 1374-1375 e 1378.

83. Cfr. *Le Roman de Renart* (éd. Martin), vol. I, p. 118, vv. 967-992 e in particolare il v. 974: «Or me covient a sejorner».

84. Cfr. Combarieu du Grès, Subrenat, *Le Roman de Renart. Index des thèmes*, p. 67, Lacanale, *«S'en est de branche en branche alez»*, pp. 32-41, in particolare alle pp. 33-34.

85. Secondo il testo di O, vv. 749-752, a fronte del solo primo distico in U, vv. 651-652: «De là pasava doi vilan, / che avea doi forche in man» (Lomazzi, *Rainaldo e Lesengrino*, p. 180; il passo è commentato ivi, pp. 19-20).

re della corte degli animali, nei confronti della volpe,[86] la cui presenza nel *Rainaldo e Lesengrino* è del resto implicita nel già ricordato contesto giudiziario della sua prima parte, che si conclude con un permesso speciale concesso al condannato per evitare l'esecuzione,[87] consistente nella pena del lavoro raccontata invero nella seconda. Se è stata più volte rilevata e anche apprezzata la transizione tra le due parti,[88] non risulta invece sia stato notato né che esse corrispondono in modo significativo alle due fondamentali macrosequenze narrative del *Roman de Renart*, ovvero rispettivamente la ricerca di giustizia e quella di cibo,[89] né che al termine del *Pelerinage Renart* il protagonista afferma un proposito di fatto analogo a quello che nel *Rainaldo e Lesengrino* il re vorrebbe facesse davvero suo: «Et si vivrai de mon labor / Et gaaignerai leelment».[90] Appare pertanto fuori luogo ravvisare, secondo Hans Robert Jauss, «l'inconciliabilità dell'antico mondo feudale con l'ideale antieroico del moderno profitto» nel «malinconico» – ma in realtà piuttosto ironico e parodico – «lamento sulla fatica che causa il lavoro» pronunciato da Rainaldo: «con' mala cosa è a far lavor!».[91] Lo stesso Jauss d'altronde riconosce che si tratta – com'è appunto tipico nella parodia – di «un mondo alla rovescia», in cui secondo la nuova etica del lavoro, «la capra laboriosa si mostra superiore alla figura del birbone dell'età feudale»,[92] in coerenza con la morale del prologo trasmesso dal solo U: «chi de altri dise vilania, / ella retorna in soa camissa».[93] Analogamente, benché sia suggestivo e per certi aspetti apparentemente anche coerente, sostenere che «nella volpe è personificata la nobiltà, nella capra la borghesia», come proposto da Henning Krauss sulla base del distico «La chavra entro la vila entrà, / Raynaldo de fora da la vila sta»,[94] non va tuttavia dimenticato che i due animali sono compari, legati cioè da una «parentela spirituale acquisita attraverso un rito di passaggio», che nello specifico è il batte-

86. Cfr. Lacanale, *«S'en est de branche en branche alez»*, pp. 15-24 e 131: «il comportamento accondiscente del re verso Renart, pur sembrando spesso inspiegabile, è la cifra dell'intera epopea renardiana».

87. Cfr. Richard Emmanuel Smith, *Type-Index and Motif-Index of the* Roman de Renard, Uppsala, Etnolohiska Institutionen, 1980, p. 24 (§ J1181), Combarieu du Grès, Subrenat, *Le Roman de Renart. Index des thèmes*, p. 64.

88. Cfr. Sudre, *Les sources du Roman de Renart*, p. 90: «Le poème italien se compose de deux parties distinctes, bien que reliées par une transition naturelle grâce à laquelle la suite du récit n'est pas altérée»; Flinn, *Le Roman de Renart*, p. 536: «La seconde partie forme la suite immédiate de la première» e costituisce «une conclusion amusante et originale»; Lacroix, *Du Je à l'Autre*, p. 70: «une curieuse structure bipartite»; Benedetti, *'Rainaldo e Lesengrino'*, p. 12: «aggancio ingegnoso».

89. Cfr. Elina Suomela-Härmä, *Les structures narratives dans le* Roman de Renart, Helsinki, Suomalainen Tiedenakatemia, 1981, pp. 98-114, Ead., *Pour une typologie des branches du* Roman de Renart, in *À la recherche du Roman* de Renart, vol. I, pp. 107-133.

90. *Le Roman de Renart* (éd. Martin), vol. I, p. 278, vv. 464-465.

91. Jauss, *Rainaldo e Lesengrino*, pp. 131-132; il testo è citato nella versione di O, v. 482, cui corrisponde U, v. 465: «com' mala cosa fo lavorason!» (Lomazzi, *Rainaldo e Lesengrino*, p. 172).

92. Jauss, *Rainaldo e Lesengrino*, p. 132.

93. Lomazzi, *Rainaldo e Lesengrino*, p. 156 (U, vv. 25-26).

94. Henning Krauss, *Epica feudale e pubblico borghese. Per la storia poetica di Carlomagno in Italia*, Padova, Liviana, 1980, p. 99, che riprende e sviluppa poi la tesi nell'articolo *Rainaldo lavoratore* citato alla nota 3; il testo è riportato nella versione di O, vv. 458-459, cui invero corrisponde sostanzialmente soltanto il primo verso di U, vv. 448-449: «La cavra inver la villa va, / e de forment se caregà» (Lomazzi, *Rainaldo e Lesengrino*, p. 171).

simo cui la volpe ha tenuto il figlio della capra, proprio come in altre *branches*, tra cui per esempio quella della cincia.[95]

La parentela vera e propria che in alcune *branches* del *Roman de Renart* lega esplicitamente la volpe al lupo, a fronte del loro classico e paradigmatico antagonismo, e che in tante altre rivela comunque tra loro una speciale ed esclusiva «familiarità e complicità», tipica del rapporto tra nipote e zio materno nelle antiche società patrilineari,[96] consente inoltre di non considerare un'incongruenza il fatto che nel *Rainaldo e Lesengrino* essi «possono allearsi contro la capra, come se non si fossero mai giurati eterna inimicizia».[97] A tale proposito va anzi osservato che comunque, giusta la proverbiale astuzia ingannatrice della volpe, tale alleanza rispetta «uno schema ricorrente nel *Roman de Renart*», secondo cui «Renart conduce un compagno in un luogo dove è (o dovrebbe essere) detenuto un bene appetibile, ma da cui poi solo la volpe riesce a uscire incolume».[98]

Senza la pretesa di esaurire qui l'analisi dei temi e dei motivi renardiani del poemetto veneto e di altri possibili riflessi culturali,[99] si ritiene comunque che la serie di riscontri compiuta permetta di ribadire anche da questo particolare punto di vista periferico, a fronte di quanto lamentato in apertura, che «la branche suppose le tronc».[100] A questo stesso scopo, secondo l'esempio degli studiosi della materia renardiana, appare utile considerare anche i «procedimenti stilistici impiegati per amalgamare storie indipendenti»,[101] tanto più in rapporto alla conclusione di Contini sull'«involgarimento tecnico [...] di natura giullaresca» del poemetto dovuto all'«accentuata ripetizione di formule»,[102] che certo non sembra

95. Bonafin, *Le malizie della volpe*, p. 54, che commenta proprio l'episodio di *Renart et la mésange*, la *branche* II dell'edizione Martin, valorizzando opportunamente tale legame, mentre alle pp. 104-105 sottolinea «l'antitesi fondamentale *engin/force* [...] più consona a quei ceti borghesi che si preparano a sostituire la classe nobiliare nel dominio della società»; cfr. Lomazzi, *Rainaldo e Lesengrino*, pp. 18, 170 (U, vv. 397-400; O, vv. 410-413) e 193-194 per le occorrenze di *c(h)oma(d)re* e *c(h)o(m/n)pa(d/t)re*. Per il motivo del rapporto comparatico nel *Roman de Renart*, cfr. Combarieu du Grès, Subrenat, *Le Roman de Renart. Index des thèmes*, p. 61.

96. Cfr. Bonafin, *Le malizie della volpe*, pp. 21-27, in particolare a p. 25 per la citazione.

97. Jauss, *Rainaldo e Lesengrino*, p. 128.

98. Bonafin, *Le malizie della volpe*, p. 91 nota 20.

99. Tra i primi meriterebbe di essere approfondita in particolare la giustificazione per l'assenza di Rainaldo al processo che dà il tasso Gilberto: «el è andà in altra part, / a feste o a predicaçion, / per imparar cante ferm» (Lomazzi, *Rainaldo e Lesengrino*, p. 160, nel solo U, vv. 106-108), cui potrebbe essere esteso il commento di Bonafin, *Le malizie della volpe*, p. 64 relativo all'uso di «un lessico musicale specifico» e alla «voluta citazione di un tipo di discorso alto» in *Renart e Tiecelin*, da integrare con gli altri riferimenti musicali indicati da Combarieu du Grès, Subrenat, *Le Roman de Renart. Index des thèmes*, pp. 154-155. Per quanto riguarda invece i secondi, ragioni di corrispondenza storico-geografica analoghe a quelle indicate alla nota 31 inducono almeno a riportare, grazie allo stesso Benucci, *Zana*, p. 369, la didascalia del tema di nascita per il diciottesimo grado dei Gemelli dell'*Astrolabium planum* di Pietro d'Abano, curiosa in questo contesto per la simbologia della volpe in rapporto al lavoro umano: «Vulpis velociter currens: homo semper laborans erit» (*Il Palazzo della Ragione a Padova. Dalle pitture di Giotto agli affreschi del '400*, prefazione e saggi di Alberto Tenenti, Giampiero Bozzolato, Enrico Berti, indici, cronologia, bibliografia a cura di Alessandra Vedovato, Roma, Istituto Poligrafico e Zecca dello Stato, 1992, p. 78).

100. Foulet, *Le Roman de Renard*, p. 36.

101. Bonafin, *Le malizie della volpe*, p. 54.

102. *Poeti del Duecento*, vol. I, p. 814.

aver contribuito alla sua fortuna, a favore della quale bisognerebbe ricordare invece l'opinione di Flinn, secondo cui il *Rainaldo e Lesengrino* «se classe comme une branche indépendante et originale du *Roman de Renart*, et, faut-il ajouter, comme une des meilleures, des plus amusantes et des mieux construites».[103] Se lo «scadimento rispetto all'originale» è innegabile per quanto riguarda l'assetto metrico-rimico,[104] si deve però sottolineare che diversi stilemi formulari sono in realtà comuni alla tradizione renardiana e anzi costitutivi di essa. A tale riguardo, basti qui concentrare l'attenzione sull'occorrenza della dittologia sinonimica «engin et art», che è tra le più significative del *Roman de Renart*, dal momento che, anche attraverso la rima inclusiva, «definisce la quintessenza delle doti renardiane» alla stregua di un «blasone».[105] Essa è usata dal re Lion nell'apostrofe a Rainaldo trasmessa solo da O prima della perorazione difensiva finale dell'accusato: «quan' tu t' avrà' de partir de questa parte, / porave valer ençigna e art» (vv. 325-326); mentre in U è impiegata dal narratore, sempre con riferimento alla volpe, nel passaggio di raccordo tra le due sequenze narrative: «De la cort Rainald se'n part / con reo inçegno e con mal'art» (vv. 369-370).[106] A differenza di O, in cui la dittologia, giusta il modello francese, copre il secondo emistichio, in U essa si estende all'intero verso, con l'addizione degli aggettivi che connotano in senso negativo i due termini: si tratta di un'amplificazione del dettato solo apparentemente ridondante, se si considera che nello stesso *Renart* l'endiadi è talora sostituita dal sintagma «males ars» (II, 24 e XVI, 854) e che tale accezione nel primo caso è un gallicismo semantico.[107] Questa finalità esplicativa non è peraltro isolata in U, che riusa poi separatamente i due sintagmi, scambiando tra loro aggettivo e sostantivo: «ria art» (v. 663), di contro al solo sostantivo nel passo corrispondente di O (v. 782), e «mal inçegni» (v. 697, all'inizio dell'epilogo caratteristico di U).[108] I due sostantivi mantengono invece la stessa posizione nel verso, ovvero «art» in rima e «inçegni» nella seconda metà del primo emistichio, e sono

103. Flinn, *Le Roman de Renart*, p. 541, cui si può aggiungere il giudizio relativo al «joli conte du labourage de Renard en commun avec la chèvre» di Gaston Paris, *Le Roman de Renart* (1894-1895), in Id., *Mélanges de littérature française du Moyen Âge*, publiés par Mario Roques, Paris, Champion, 1912, pp. 337-423, a p. 413.

104. *Poeti del Duecento*, vol. I, p. 814; cfr. l'analisi di Lomazzi, *Rainaldo e Lesengrino*, pp. 143-152.

105. Bonafin, *Le malizie della volpe*, p. 47 e *Il romanzo di Renart la volpe*, p. 233 nota 18; per la frequenza e i contesti dello stilema, cfr. Lacanale, *«S'en est de branche en branche alez»*, pp. 83-85.

106. Lomazzi, *Rainaldo e Lesengrino*, pp. 167 e 169.

107. Cfr. Lomazzi, *Rainaldo e Lesengrino*, p. 196, che segnala tra l'altro l'occorrenza della stessa dittologia sinonimica nel *Libro* di Uguccione di Lodi, riconosciuta come «endiadi francesizzante» da Contini in *Poeti del Duecento*, vol. I, p. 603, ma ciò nondimeno considerata invero come oppositiva sulla base dell'erronea interpretazione di «ingegno» nel senso etimologico e più comune di 'qualità naturale' in *Tesoro della lingua italiana delle Origini* (= *TLIO*), al sito internet http://tlio.ovi.cnr.it/TLIO, *s.v. arte*, § 2, dove è registrata anche un'altra occorrenza della formula di ispirazione oitanica nei *Proverbia que dicuntur super natura feminarum*; cfr. inoltre Roberta Cella, *I gallicismi nei testi dell'italiano antico (dalle origini alla fine del sec. XIV)*, Firenze, Accademia della Crusca, 2003, p. XXXI nota 31, Riccardo Viel, *I gallicismi della* Divina Commedia, Roma, Aracne, 2014, p. 196.

108. Lomazzi, *Rainaldo e Lesengrino*, pp. 180 e 182.

poi ripresi tre versi dopo, ma senza più bisogno di specificazione del loro valore semantico: letteralmente nel caso di «art» al v. 666, mentre con *variatio* morfologica nel verbo corrispondente «inçegner» (e spostamento in rima) al v. 700, secondo un procedimento che caratterizza anche l'occorrenza della dittologia nel celebre passo delle *Enfances Renart* in cui si afferma l'origine dell'uso antonomastico del nome del protagonista:

> Tot cil qui sont d'*anging* et d'art
> Sunt mes tuit apelez Renart:
> Por Renart et por son gorpil;
> Mout par sorent et cil et cil.
> Se Renart sot gent conchïer,
> Li gorpix bestes *engingnier*.[109]

La natura ingannevole della volpe è inoltre ribadita *e contrario* dalla mancanza delle qualità morali fondamentali della vita sociale, rimproveratale ripetutamente dalla capra: «vui no sé savio ni corte(i)s».[110] Lo stilema ricorre almeno una volta anche nel *Roman de Renart*: «'Renars' ce respondi li rois, / 'N'iestes pas sages ne cortois»,[111] ma è certamente più importante sottolineare la ben diversa voce di chi parla in rapporto ai rispettivi ruoli sociali. È una riprova di quanto siano rischiose e in ultima analisi scorrette, o quanto meno bisognose di essere sfumate, le troppo schematiche interpretazioni sociologiche di Jauss e Krauss ricordate in precedenza,[112] richiamando piuttosto il concetto di «cortesia borghese» formulato da Aurelio Roncaglia,[113] che già in altre occasioni è parso il più adatto per sintetizzare e interpretare meglio vari aspetti del complesso fenomeno storico-letterario e linguistico della diffusione e della rielaborazione di testi francesi nell'Italia e in particolare nel Veneto medievale.[114]

Un'ulteriore conferma in tal senso, stranamente non rilevata nemmeno dai commentatori più sensibili ai riflessi socio-ideologici del poemetto, è costituita dal sintagma «remor de povol», che occorre in due discorsi diretti di Rainaldo al suo difensore, il tasso Gilberto, con riferimento alla contestazione dall'esito letale che la volpe paventa di subire nel corso del processo alla corte del re da parte

109. *Le Roman de Renart* (éd. Martin), vol. II, p. 338, vv. 85-90.

110. Lomazzi, *Rainaldo e Lesengrino*, pp. 170, 172 e 173 (U, vv. 416 e 483; con minime varianti formali e un'occorrenza in più in O, vv. 429, 493 e 525).

111. *Le Roman de Renart* (éd. Martin), vol. II, p. 269, vv. 353-354.

112. Cfr. le note 91, 92 e 94; mette saggiamente in guardia al proposito Marco Infurna, *Aristocratici e villani nella* Geste Francor, in *Il Medioevo nella Marca. Trovatori, giullari, letterati a Treviso nei secoli XIII e XIV*, a cura di Maria Luisa Meneghetti e Francesco Zambon, Treviso, Edizioni Premio Comisso, 1991, pp. 129-149, a p. 131.

113. Aurelio Roncaglia, *Civiltà cortese e civiltà borghese nel Medio Evo*, in *Concetto, storia, miti e immagini del Medioevo*, a cura di Vittore Branca, Firenze, Sansoni, 1973, pp. 269-286, a p. 286.

114. Mi sia consentito rinviare quindi almeno ai seguenti miei lavori: *«Titulus clavis». Per il* Testamento di Carlomagno, in *Francofonie medievali. Lingue e letterature gallo-romanze fuori di Francia (sec. XII-XV)*, a cura di Anna Maria Babbi e Chiara Concina, Verona, Fiorini, 2016, pp. 81-97, a p. 94, *Enanchet. Dottrinale franco-italiano del XIII secolo sugli stati del mondo, le loro origini e l'amore*, Padova, Esedra, 2017, pp. 29 e 313.

degli altri animali.[115] Esso appare notevole, perché corrisponde al latino «rumor in populo» attestato in varie cronache e testimonianze coeve in relazione alle lotte politiche interne ai comuni dell'Italia centro-settentrionale,[116] mentre gli accusatori della volpe appartengono invero al «bernaço» e «legnaço» del re,[117] in conformità rispetto alla cornice feudale del *Roman de Renart*, in cui sono «raffigurati quasi solo baroni (protagonisti zoomorfi) e contadini» ed «è ancora troppo presto (XII secolo) per un'autorappresentazione letteraria della borghesia».[118] Il riscontro appare ancor più significativo in relazione tanto al frammento dei Memoriali bolognesi, da cui si può arguire che la lettura del *Rainaldo e Lesengrino* «si prestava a giochi associativi e comparativi con la società comunale», in base ai quali in particolare la corte del leone veniva a corrispondere a «un tribunale comunale, dove si rende giustizia parimente a magnati e a popolari»;[119] quanto a una testimonianza riguardante i *rumores* occorsi proprio a Bologna nel 1274, consistente in una profezia *post eventum* nella forma allegorica di una guerra tra lupi e leoni, in cui i primi rappresentano la fazione sconfitta.[120]

Questi rilievi inducono, in un'ultima analisi, a sfumare almeno in parte anche la ragione di fondo della scarsa fortuna del *Roman de Renart* al di qua delle Alpi che nelle pagine precedenti si è peraltro cercato di ridimensionare, ovvero «la difficoltà che questo originale mondo narrativo ha avuto a trapiantarsi in Italia», dovuta secondo Gianfranco Folena proprio al «trapianto dalla civiltà cortese

115. Lomazzi, *Rainaldo e Lesengrino*, pp. 162-163 (U, vv. 164 e 203, nel secondo caso con la forma «povelo», O, vv. 146 e 179, nel primo caso a seguito di «a uno remor, / a una vosa e a un crior»; il sintagma è soggetto di «m'avraf alcir» e «me ave alcir» in U, «m'à oncir» in O) e 206 per la glossa del primo sostantivo: «lite, contestazione».

116. Cfr. per esempio Rolandino [da Padova], *Vita e morte di Ezzelino da Romano*, a cura di Flavio Fiorese, Milano, Fondazione Lorenzo Valla - Mondadori, 2004, pp. 422 e 514: «et fuit rumor quidam et quasi tumultus in populo [...] rumorem movit in populo»; altre testimonianze sono citate in Giuliano Milani, *La memoria dei* rumores. *I disordini bolognesi del 1274 nel ricordo delle prime generazioni: note preliminari*, in *Le storie e la memoria. In onore di Arnold Esch*, a cura di Roberto Delle Donne e Andrea Zorzi, Firenze, Firenze University Press, 2002, pp. 271-293 e *Conflitti, paci e vendette nell'Italia comunale*, a cura di Andrea Zorzi, Firenze, Firenze University Press, 2009. Si tenga presente che nel Medioevo comunale il popolo è «una parte che vuole e deve rappresentare il tutto» (Mario Ascheri, *Istituzioni medievali*, Bologna, il Mulino, 1999, p. 291); cfr. inoltre *TLIO*, *s.v. pòpolo*[1].

117. Lomazzi, *Rainaldo e Lesengrino*, p. 157, secondo il testo del frammento dei Memoriali bolognesi (siglato M), vv. 3 e 4, cui corrisponde solo per il primo termine O, che al verso seguente riporta invece una dittologia aggettivale complementare per indicare la totalità: «de bestie demestege e salvaçe»; diversa è la formulazione di U, che ai vv. 43-44 legge comunque «Or sta lo Lion su in una grant montagna / con molte bestie in sua compagna».

118. Bonafin, *Le malizie della volpe*, p. 105. Il termine *peuple* occorre solo una volta, al v. 1183 della *Mort Renart*, ma nella sua accezione militare di 'truppa armata' (cfr. *Vita e morte avventurose di Renart la volpe*, p. 245), mentre il popolo minuto è indicato genericamente dal sintagma *genz menues*, che solo in un caso, al v. 830 del *Renart empereur*, «assume una connotazione socio-culturale», come sottolinea Mara Calloni in *Le metamorfosi di Renart la volpe*, p. 306 nota 9.

119. Così Armando Antonelli, *Sistema documentario, tradizione archivistica e ideologia di popolo nel Trecento*, in «Archivio storico italiano», 178 (2020), pp. 263-310, a p. 303; cfr. analogamente Benedetti, *'Rainaldo e Lesengrino'*, pp. 10-11, che ravvisa nel nucleo centrale della prima parte del testo «un ambiente più simile a un'aula di tribunale che a una corte nobiliare» e nel re-giudice «quasi un podestà comunale».

120. Cfr. Milani, *La memoria dei* rumores, pp. 271-272 e 285-286.

di Francia a quella comunale, fra città e contado, dell'Italia settentrionale» e alla conseguente «trasformazione spesso radicale dei presupposti giuridici e sociali».[121] Lo stesso Folena ha del resto notato – giusto un anno prima della versione originaria del suo celebre *Volgarizzare e tradurre* – che nel *Rainaldo e Lesengrino* «la traduzione [...] investe quindi oltre che la lingua [...] anche i contenuti»,[122] in modi affini alla dialettica fra trascrizione e traduzione in cui Roncaglia ha riassunto le linee fondamentali del parallelo e molto più fortunato processo di progressiva acclimatazione dell'epica carolingia nella stessa area.[123] È il fenomeno che proprio Folena ha messo in luce più in generale nei suoi studi sul Veneto medievale quale «luogo di incontro e di confluenza di correnti molteplici di cultura e di lingua»,[124] per cui la definizione continiana di "provincia" relativa al *Rainaldo e Lesengrino* va intesa nel senso di un microcosmo, ma solo alla condizione di vederci riflesso il macrocosmo, secondo la proiezione tra l'uno e il molteplice che caratterizza per definizione, storia e necessità la filologia e la comparatistica.[125] Così è tanto più nel caso di «une écriture plurielle, à plusieurs mains, plusieurs auteurs, qui s'étend sur des décennies si ce n'est des siècles, sur des langues diverses aussi» quale quella del *Roman de Renart*,[126] ovvero proprio nei termini in cui lo stesso Veneto medievale è stato considerato da Giorgio Cracco una «regione del mondo»,[127] di fatto analoghi a quelli del poeta veneto che più di ogni altro, nel pieno Novecento, ha saputo descrivere la tensione tra microcosmo e macrocosmo, tra acclimatazione e straniamento, tra «Galateo» e «Bosco», anche con riferimento ai «miei lupi, mie volpi, lóf, bólp».[128] Mi piace pertanto concludere con questi altri versi di Andrea Zanzotto:

Checo, tant ben tu à parlà
'fa 'n mus pavan, contando robe trevisane,

121. Folena, *Presentazione*, p. V.

122. *Ibidem*; cfr. Gianfranco Folena, *Volgarizzare e tradurre: idea e terminologia della traduzione dal Medio Evo italiano e romanzo all'Umanesimo europeo*, in *La traduzione. Saggi e studi*, a cura di Giuseppe Petronio, Trieste, Lint, 1973, pp. 57-120, poi *Volgarizzare e tradurre*, Torino, Einaudi, 1991 (ora a cura di Gianfelice Peron, Firenze, Cesati, 2021).

123. Cfr. Aurelio Roncaglia, *La letteratura franco-veneta*, in *Storia della letteratura italiana*, diretta da Emilio Cecchi e Natalino Sapegno, vol. II. *Il Trecento*, Milano, Garzanti, 1965, pp. 725-759.

124. Gianfranco Folena, *La presenza di Dante nel Veneto* (1965-1966), in Id., *Culture e lingue nel Veneto medievale*, Padova, Editoriale Programma, 1990, pp. 287-308, a p. 299; cfr. Giosuè Lachin, *Lingue e letterature romanze del Veneto medioevale*, in *Gianfranco Folena e la cultura veneta in Europa*, a cura di Francesco Zambon, Treviso, Associazione Amici di Giovanni Comisso, 2012, pp. 59-84.

125. Cfr. Claudio Guillén, *Entre lo uno y lo diverso. Introducción a la literatura comparada*, Barcelona, Editorial Crítica, 1985 (trad. it. *L'uno e il molteplice. Introduzione alla letteratura comparata*, Bologna, il Mulino, 1992).

126. Scheidegger, *Le Roman de Renart*, p. 18.

127. Giorgio Cracco, *Tra Venezia e Terraferma. Per la storia del Veneto regione del mondo*, Roma, Viella, 2009.

128. Andrea Zanzotto, *Il Galateo in Bosco* (1978), in Id., *Le poesie e prose scelte*, a cura di Stefano Dal Bianco e Gian Mario Villalta, con due saggi di Stefano Agosti e Fernando Bandini, Milano, Mondadori, 1999, pp. 545-650, a p. 629, con la nota dell'autore a p. 649: «*lóf, bólp*: lupi e volpi (dial. arcaico)».

e cussì ben tu a remenà color e tere
che no se savaràe pi dir, debòta,
da 'ndove che tu fusse.
[…]
parché quel bosch che pur l'era salvàrego
al 'véa calcossa de anca massa mèstego,
al 'véa calcossa che lo féa de casa,
che féa tuti i só lóf e bólp e anguane,
struzhet e panigasse, zhisile cuch poiane,
figurete de 'n dógo, dissegnet
de 'n tosatel, o si se vól de 'n mistro.[129]

129. Andrea Zanzotto, *Idioma* (1986), in Id., *Le poesie e prose scelte*, pp. 717-814, alle pp. 777-778, con la traduzione dell'autore: «Cecco, tanto bene hai parlato / come una mutria padovana, raccontando cose trevigiane, / e così bene hai mescolato colori e terre / che quasi non saprei più dire, / di dove tu fossi. […] / perché quel bosco che pure era ispidamente intrattabile / aveva qualcosa di fin troppo mansueto, / aveva qualcosa che lo faceva di casa, / che rendeva tutti i suoi lupi e volpi e anguane, / sgriccioli e passeri, rondini, cuculi e poiane, / figurine di un gioco, disegnini / di un bambino, o se si vuole di un maestro d'arte».

Indice dei nomi

Indice dei manoscritti

Finito di stampare
nel mese di febbraio 2022
da The Factory s.r.l.
Roma